Tommaso Mastrandrea

RELIGIONE:
I RAGAZZI DOMANDANO

I coleotteri volano in paradiso?

Illustrazioni di
Severino Baraldi

SAN PAOLO

Quinta edizione 2000

Piazza Soncino, 5 - 20092 Cinisello Balsamo (Milano)
http://www.stpauls.it/libri
Distribuzione: Diffusione San Paolo s.r.l.
Corso Regina Margherita, 2 - 10153 Torino

Presentazione

Nel momento difficile e straordinario, che segna il passaggio dall'infanzia all'adolescenza, quando i tratti della personalità dei ragazzi diventano più marcati, la domanda «Che cos'è?» cresce e diventa «Ma perché?». Si fanno strada i pensieri, i sentimenti, i desideri delle donne e degli uomini di domani; si fa più serrato il confronto con le realtà presenti e quelle future; si cerca, osservando il passato e il presente, la coerenza dei comportamenti umani.

Quando, poi, le domande della fanciullezza riguardano il tema della religione tutto ciò diventa più evidente. Non solo si vogliono conoscere e capire i fatti e la storia che li ha provocati, ma cominciano gli interrogativi su ciò che è giusto o non è giusto.

È questo il senso del titolo curioso di questo libro, che ripropone la domanda di Chiara, una bambina di quinta elementare: I coleotteri volano in paradiso? *È una pennellata di fantasia, un linguaggio che in sintesi esprime amore alla natura, riconosce l'atto creativo di Dio, indirizza tutto ciò che è buono verso un destino immortale, ma teme che nell'aldilà ci sia posto solo per gli angeli. Si può escludere qualcosa o qualcuno dall'amore di Dio?*

Il contatto diretto con i ragazzi, attraverso centinaia di lettere giunte negli ultimi dieci anni al settimanale Il Giornalino, *ha fatto emergere il problema religioso come un problema presente. Le grandi domande ci sono tutte: occorre dare le risposte, come hanno fatto i nostri padri con noi, cercando di essere qualche volta, forse, più convincenti.*

Il tentativo di queste pagine, che non hanno la presunzione di essere né una catechesi completa, né la risposta sbrigativa su un caso difficile da archiviare, è quello di rappresentare prima di tutto un fenomeno che non è in via di estinzione. Inoltre, con le forme di un linguaggio semplice, derivato da un giornale per ragazzi, traccia alcune piste di un lavoro educativo da sviluppare: dalla spiegazione delle parole difficili all'indicazione del contesto storico in cui si è sviluppata la fede; dalle origini della religione alla rivelazione di Cristo; dal costituirsi delle prime comunità cristiane alla Chiesa di oggi; dalla tradizione della morale cristiana alla scottante attualità dei problemi odierni che hanno invaso drammaticamente il territorio dei giovanissimi.

Cosa dire loro alla vigilia del terzo millennio? Quale via, quale verità, quale vita indicare?

Prima di una qualsiasi risposta è opportuna una raccomandazione. Genitori, comunicatori, educatori, suore e sacerdoti, rileggiamo insieme le parole del gabelliere Matteo, al capitolo 19 del suo vangelo: «Il regno di Dio appartiene a quelli come loro, disse Gesù. E posò le mani sui bambini per benedirli».

TOMMASO MASTRANDREA

TAVOLA CRONOLOGICA DELLA STORIA BIBLICA

Tra il 1850 e il 1650 a.C.	Migrazione di Abramo dalla Mesopotamia in Canaan
c. 1650	Giuseppe viceré d'Egitto. Gli ebrei in Egitto
tra il 1250 e il 1220	Esodo e vita nel deserto sotto la guida di Mosè
tra il 1220 e il 1200	Invasione di Canaan. Giosuè
tra il 1200 e il 1030 c.	Epoca dei Giudici. I Filistei occupano la costa palestinese
c. 1075	Dominazione filistea su Israele
c. 1030	Saul consacrato re
c. 1010	Morte di Saul. Davide re di Giuda
1003	Davide re di tutto Israele
c. 1000	Presa di Gerusalemme
970	Morte di Davide
930	Morte di Salomone e divisione del territorio in regno di Giuda e regno d'Israele
721	Distruzione di Samaria
598	Prima deportazione di ebrei in Babilonia
586	Distruzione di Gerusalemme. Esilio babilonese
539	Editto di Ciro che consente agli ebrei il ritorno in patria
538	Ritorno degli esuli con Zorobabele
515	Dedicazione del Tempio ricostruito
336-323	Conquiste di Alessandro Magno in Asia
323	Morte di Alessandro Magno
312	La Giudea sotto la sfera d'influenza dell'Egitto
198	La Giudea passa sotto il potere dei Seleucidi di Siria
166	Rivolta di Mattatia. Giuda Maccabeo
164	Purificazione del Tempio
160	Morte di Giuda Maccabeo; gli succede il fratello Gionata nel comando militare
152	Gionata diviene sommo sacerdote
143	Morte di Gionata
142	Simone diviene sommo sacerdote, etnarca e stratega
134	Morte di Simone. Sale al trono Giovanni Ircano
67	Guerra civile in Palestina
65	La Siria diventa provincia romana
63	I romani occupano Gerusalemme
37	Erode il Grande re di Giudea
20-19	Ricostruzione del Tempio
7-6 a.C.	Nascita di Gesù
4 a.C.	Morte di Erode
6 d.C.	La Giudea amministrata direttamente da un procuratore romano
14	Morte dell'imperatore Augusto
14-37	Tiberio imperatore
26-36	Ponzio Pilato procuratore della Giudea
c. 28-30	Ministero di Giovanni Battista. Vita pubblica di Gesù
30	Morte e risurrezione di Gesù
c. 36	Martirio di Stefano. Conversione di Paolo
43-44	Persecuzione di Erode Agrippa I, re di Palestina. Morte di Giacomo il Maggiore
45-48	1° viaggio missionario di Paolo con Barnaba
49	Concilio di Gerusalemme
50-52	2° viaggio missionario di Paolo
52-60	A. Felice, procuratore della Giudea
53-58	3° viaggio missionario di Paolo
54-68	Nerone imperatore
58-60	Paolo prigioniero a Cesarea
60-62	P. Festo, procuratore della Giudea
61-63	Viaggio di Paolo verso Roma e prima prigionia romana
62	Martirio di Giacomo il Minore. Pietro a Roma dopo l'anno 60
64	Persecuzione di Nerone
65 (?)	Martirio di Pietro a Roma
64-67	Ultime missioni di Paolo e ultima prigionia
c. 67	Martirio di Paolo a Roma
66-70	Guerra giudaica
70	Distruzione di Gerusalemme e del Tempio
96	Persecuzione di Domiziano
c. 100	Morte di Giovanni

1 *Cinquecentomila anni fa, l'uomo era religioso?*

Gli scienziati non sono sicuri che in un'epoca così lontana esistessero sulla terra gli antenati dell'uomo. I cosiddetti *ominidi* si possono far risalire a un milione e ottocentomila anni fa, ma l'uomo che noi conosciamo, e che gli studiosi chiamano *Homo sapiens* (uomo intelligente), ha fatto la sua apparizione sulla Terra circa trentacinquemila anni fa.

Abbiamo le prove che questo nostro antenato era in qualche modo religioso, custodiva con cura il ricordo dei morti e invocava l'aiuto della divinità sulle attività quotidiane, dalla caccia all'agricoltura.

Il nostro antenato credeva che dietro ai fenomeni naturali (l'eruzione di un vulcano, il fulmine, il vento) ci fosse una forza magica che dominava il mondo. La religiosità primitiva nasceva così dalla capacità dell'uomo di scoprire, attraverso la natura, realtà ultraterrene cui era dovuto il culto e un modo di vivere gradito alla divinità.

2 *In quanti modi si può chiamare Dio?*

L'uomo primitivo identificava Dio con le forze della natura e lo chiamava col nome di tuono, pioggia, cielo, notte e così via. Nelle diverse religioni, poi, Dio viene chiamato in molti modi. Gli ebrei, ad esempio, chiamano Dio col nome di *Jhwh* (Colui che è) e, per rispetto, non pronunciano in pubblico il suo nome.

Per i musulmani, Dio è *Allah*, mentre gli induisti identificano le principali divinità di *Brahma*, *Visnu* e *Siva*, che compongono la sacra *Trimurti*, raffigurata in un corpo con tre teste.

I cristiani sono stati abituati da Gesù a chiamare Dio *Padre*. L'atteggiamento di amore paterno di Dio si è rivelato infatti verso di noi non solo nell'atto della creazione, ma soprattutto attraverso Cristo Gesù, suo Figlio, che egli ha sacrificato per salvarci dalla morte del peccato. Così noi oggi preghiamo come Gesù ci ha insegnato: «Padre nostro, che sei nei cieli».

Religione

È la virtù che orienta l'uomo a Dio, riconoscendone l'esistenza e la grandezza infinita, e spinge l'uomo ad adorarlo con atti di culto e a praticare una vita morale e spirituale cònsona alla propria fede.

Rivelazione

È la manifestazione che Dio ha fatto di se stesso all'uomo attraverso vari interventi nella storia, culminati nella vicenda di Gesù Cristo, tramandati a viva voce prima (tradizione) e poi fissati da scrittori sacri da lui ispirati (Bibbia), nel corso dei secoli. L'insieme delle verità che Dio ha comunicato nella Tradizione e nelle sacre Scritture è custodito nel magistero (insegnamento) della Chiesa.

Idolatria

È l'adorazione rivolta a idoli o ad altri oggetti materiali che vengono considerati vere e proprie divinità. Nell'Antico Testamento Dio punisce il suo popolo che adora, ad esempio, il vitello d'oro. La Chiesa ci ricorda che gli oggetti sacri (quadri, statue ecc.) non possono essere adorati in se stessi, ma sono soltanto simboli che ci aiutano ad adorare Dio.

Pentateuco

La parola, derivata dal greco, significa "cinque astucci". I libri anticamente erano costituiti non da fogli di carta, ma da pergamene arrotolate, che venivano conservate appunto in astucci. Con il nome Pentateuco si suole designare la serie dei primi cinque libri della Bibbia: Genesi, Esodo, Levitico, Numeri, Deuteronomio. In ebraico questi libri vengono chiamati Torah (insegnamento) o anche La legge di Mosè.

Ispirazione

È l'opera dello Spirito Santo divino che fa in modo che alcuni uomini possano parlare in suo nome. Dei profeti, per esempio, si dice che sono "ispirati" in quanto parlano, appunto, in nome di Dio. Ma l'ispirazione riguarda tutti i libri sacri che compongono la Bibbia, sia l'Antico sia il Nuovo Testamento: gli autori sono diversi e si esprimono con caratteristiche diverse, ma il messaggio contenuto nei loro scritti è "ispirato" da Dio; quei libri sono quindi parola di Dio.

Big bang

Secondo le più recenti teorie scientifiche l'universo si è formato quindici-venti miliardi di anni fa ed è nato da un nucleo di infinita densità e da un'immane esplosione di energia: il *big bang*.

Creazione

La Bibbia afferma che il mondo è stato creato da Dio e sussiste per la sua volontà: è il presupposto religioso fondamentale per comprendere ogni rapporto fra Dio, il mondo e gli uomini.

3 *La Bibbia degli ebrei è uguale alla nostra?*

La Bibbia, che deve il suo nome alla parola greca *biblos* (libro), è il libro sacro degli ebrei e dei cristiani. In comune, però, le due religioni hanno solo una parte (24 libri) dell'Antico Testamento.

Per gli ebrei, per i quali Gesù non è il Messia atteso da secoli, la Bibbia non comprende il Nuovo Testamento che i cristiani ritengono invece parte integrante della Storia sacra.

Gli ebrei non riconoscono valore, quindi, ai quattro vangeli, agli Atti degli apostoli, alle lettere scritte dagli apostoli e da san Paolo, e all'Apocalisse.

La nostra Bibbia invece comprende complessivamente 73 libri sacri e include anche libri dell'Antico Testamento non riconosciuti né dagli ebrei e né dai protestanti.

L'antica disputa sull'elenco completo dei libri della Bibbia fu definita dalla Chiesa cattolica nel 1546, durante il concilio di Trento.

4 *Cosa c'era nell'universo prima della creazione?*

Primo giorno dell'universo: Dio crea il cielo e la terra, che è all'inizio una massa senza forma, coperta dalle tenebre. «Sia la luce»: questo panorama primordiale si illumina; Dio chiama giorno la luce e la separa dalla notte. La terra è sommersa dalle acque: per proteggerla Dio crea la volta celeste: è il secondo giorno.

Il terzo giorno la terra assume quello che sarà il suo aspetto definitivo. Nel quarto giorno, con il sole e la luna, Dio colloca le stelle nel firmamento per fare luce agli esseri viventi, che sono la creazione del quinto giorno: prima gli animali marini e gli uccelli in volo. Il sesto giorno, dopo le belve e gli animali domestici, è la volta dell'uomo. Il settimo giorno il Creatore si riposa.

Ci troviamo davanti alla visione religiosa dell'origine del mondo. La scienza oggi propone un'immagine diversa dell'universo, e la teoria più famosa è quella del "big bang" primordiale. Ma nessuna teoria scientifica contraddice il messaggio biblico fondamentale: tutto ciò che è contenuto in cielo e sulla terra è frutto dell'atto creativo di Dio.

...Dio disse:
«Facciamo l'uomo a nostra
immagine e somiglianza». (Genesi, capitolo 1)

5 *Quando Dio creò l'uomo, esistevano le scimmie?*

Lo scienziato inglese Charles Darwin, nel 1859, sostenne che tutte le specie viventi sono il frutto, per evoluzione, di poche forme originarie di vita, e che l'uomo deriva dalla scimmia. Una teoria che allora ebbe successo, ma che oggi con gli studi avanzati della genetica si è rivelata priva di fondamenti scientifici.

Quali e quante specie di esseri viventi esistessero al momento che comparve l'uomo sulla terra non lo sapremo mai.

Oggi il problema più avvincente non è quello di scoprire com'erano fatti i nostri antenati, ma di capire l'origine dell'uomo nelle sue radici più profonde, la sua intelligenza, la coscienza del bene e del male.

La Bibbia offre una chiave di lettura straordinaria. Si afferma che in una forma di fango Dio «soffiò un alito di vita». Così nasce l'uomo, a immagine e somiglianza di Dio, dotato di intelligenza, capace di amare, immortale. Il racconto di Adamo ed Eva nella Bibbia (Genesi, capitolo 2) ha questo preciso significato: con l'uomo si è compiuto l'ultimo atto della creazione ed è cominciata la vera storia dell'universo.

Evoluzionismo

Teoria secondo cui tutte le specie animali esistenti nel mondo sarebbero derivate da antenati comuni, e questi a loro volta sarebbero derivati da cellule primordiali. Il processo si sarebbe sviluppato ovviamente attraverso *milioni di anni*. Tra i sostenitori dell'evoluzionismo spiccano in particolare due studiosi del secolo scorso: il francese Jean-Baptiste de Lamarck (1744-1829) e l'inglese Charles Darwin (1809-1882).

Razza

Serie di individui che presentano comuni caratteristiche esteriori ed ereditarie. Inteso in senso ampio, il termine può essere usato per indicare tutti gli esponenti di una specie (razza umana per dire l'umanità) oppure vasti raggruppamenti di essa (razza bianca, razza nera...). In senso più stretto diventa quasi sinonimo di stirpe e indica il complesso di individui che discendono da uno stesso capostipite.

Tribù

Indica un raggruppamento di persone che parlano lo stesso linguaggio, occupano lo stesso territorio e sovente discendono da uno stesso capostipite da cui prendono il nome. In Israele il concetto di tribù era molto importante. Le dodici tribù in cui era diviso il popolo avevano origine dai dodici figli di Giacobbe.

Mezzaluna fertile

Con questo nome si intendono i paesi che costituirono la civiltà dell'antico Oriente. Infatti, tracciando una linea larga dall'Egitto, attraverso la Palestina e la Siria, fino all'Eufrate e di qui al Golfo Persico, si vede un semicerchio molto simile alla falce della Luna. Molti fatti della Bibbia avvengono in questo territorio.

6 *Che cos'era l'albero della conoscenza del bene e del male?*

Era l'albero che, insieme con quello della vita, cresceva nella parte più interna del giardino dell'Eden o paradiso terrestre, di cui si parla nel primo libro della Bibbia.

Si distingueva da tutti gli altri alberi. All'uomo era stato severamente vietato di mangiarne i frutti. «Di tutti gli alberi del giardino tu puoi mangiare» — gli aveva detto il Signore Dio — «ma dell'albero della conoscenza del bene e del male tu non devi mangiare, perché, nel giorno in cui te ne cibassi, dovrai certamente morire».

Quell'albero è evidentemente un simbolo: rappresenta il potere di decidere che cosa sia *bene* e che cosa sia *male* per l'uomo. Mangiando il frutto di quell'albero l'uomo si arroga quel potere, vuole diventare arbitro del proprio destino e della morale, senza dipendere da nessuno; rifiuta insomma il disegno divino. E questo è essenzialmente il peccato: la ribellione, il distacco da Dio, fonte unica della vita. La conseguenza non può essere, quindi, che la morte.

7 *Quanti figli ebbero Adamo ed Eva?*

Dopo la morte di Abele per mano di Caino, Adamo ed Eva ebbero un altro figlio che chiamarono Set. In seguito Adamo «generò altri figli e figlie», ma non se ne conoscono i nomi. Quel che è chiaro, dal racconto biblico, è che l'umanità ha una "radice" unica, ed essa proviene dalla creazione di Dio.

Il nome di Adamo significa "uomo" e il nome Eva significa "donna" o "madre dei viventi", e da ciò deriva il significato religioso che tutti gli uomini sono uguali, di qualsiasi razza o tribù essi siano, tutti hanno pari dignità.

Dall'unica stirpe di Adamo discende anche Gesù Cristo, che san Paolo definisce «nuovo Adamo» per sottolineare la sua autentica umanità, congiunta alla natura divina di Figlio di Dio, e insieme per stabilire un eloquente confronto: come Adamo è all'origine dell'umanità peccatrice, così Gesù Cristo è l'artefice della salvezza degli uomini, di tutti gli uomini.

...Dio piantò un giardino in Eden, a oriente, e vi collocò l'uomo che aveva modellato.
(Genesi, capitolo 2)

8 *Dov'era il paradiso terrestre?*

La Bibbia dice che «il Signore Dio piantò un giardino in Eden, ad oriente, e vi collocò l'uomo che aveva modellato». La parola Eden deriva probabilmente dall'assiro "edinu" che significa steppa. Poiché nell'antichità gli ebrei abitavano ai margini del deserto, è ragionevole pensare che si trattasse di un'oasi verde, nel mezzo di un territorio arido.

Dall'Eden esce un fiume che, poco lontano, si divide in quattro rami: fra questi, uno si chiama Iddechel (l'attuale Tigri) e un altro Eufrate. Siamo dunque in una regione ben definita, la Mesopotamia (attuale Iraq).

Nella rappresentazione che ne dà la Bibbia (capitolo 2 della Genesi), gli antichi rabbini vedevano un modello del paradiso celeste, cui l'uomo giusto è destinato dopo la morte.

In ogni caso, a prescindere dal problema della sua localizzazione, è chiaro che lo scrittore sacro ha rappresentato il giardino dell'Eden come il luogo ideale in cui Dio, la natura e l'uomo vivono in perfetta armonia.

Albero della vita

Insieme con l'albero della conoscenza del bene e del male cresceva nel centro del paradiso terrestre. Simboleggia l'immortalità e l'amicizia con la divinità. In alcuni passi della Bibbia esso è considerato anche un simbolo della sapienza, che riesce a saziare chi se ne nutre.

Peccato originale

È il primo peccato commesso dall'uomo, alle origini, e che si trasmette a ogni essere umano. Adamo ed Eva, secondo la Bibbia, mangiarono il frutto dell'albero della «conoscenza del bene e del male» proibito da Dio, mediante la disobbedienza provocata dall'antica tentazione di voler essere come lui. La colpa del peccato originale si cancella con il battesimo.

Patriarca

In senso generale la parola indica il capo di una numerosa discendenza. Più in particolare serve a designare ciascuno degli antenati di Israele, da Adamo a Noè e soprattutto da Abramo ai dodici figli di Giacobbe. Il patriarca per eccellenza è comunque Abramo, considerato il capostipite del popolo ebraico, non tanto dal punto di vista etnico quanto dal punto di vista della fede.

Età biblica

Nella Bibbia, quando si parla dell'età di un personaggio, non sempre ci si riferisce a quell'unico personaggio; sovente gli anni a lui attribuiti sono in realtà quelli di tutta una serie di generazioni da lui discendenti. Si spiega probabilmente così l'incredibile longevità assegnata ai patriarchi antidiluviani, da Adamo a Noè.

Faraone

Titolo dei re egiziani che venivano considerati dèi. Nell'Antico Testamento vengono ricordati i faraoni Sisach, Tiraca, Necao e Cofra. Non sono invece indicati i nomi dei faraoni al tempo di Abramo, di Giuseppe e di Mosè. Salomone ebbe in moglie una figlia del faraone.

Israele

È il territorio occupato dalle dodici tribù. Secondo la Genesi, Giacobbe fu soprannominato Israele dopo una misteriosa lotta notturna con un essere sconosciuto. Il nome passò ad indicare il popolo eletto e la Terra Promessa. Il significato di questa parola è «colui che lotta con Dio». Gli israeliti furono pure chiamati "ebrei" da una parola che significa "oltre", e "giudei" da Giuda, la principale loro tribù.

Arca dell'alleanza

Era un prezioso mobile che custodiva le tavole della legge. La Bibbia la descrive come una cassa di legno d'acacia, ricoperta d'oro con stanghe per il trasporto.

9 *Quanti anni aveva Matusalemme?*

Nell'Antico Testamento troviamo sovente numeri che appaiono esagerati. È il caso, per esempio, delle cifre che indicano le età dei primi patriarchi: secondo la Genesi, Adamo visse 930 anni, Set 912, Enos 905, Kenan 910, Malaleel 895, Iared 962, Enoch 365, Matusalemme 969, Lamech 777 e Noè 950. A Matusalemme spetta dunque il record di longevità. Anche presso altri popoli antichi le tradizioni parlano di antenati straordinariamente longevi.

Le spiegazioni possono essere diverse, ma forse la più convincente è che quei numeri hanno un valore simbolico: potrebbero significare che l'epoca primordiale dell'umanità era una specie di età dell'oro caratterizzata da grande longevità che significava anche benedizione di Dio per l'uomo giusto; oppure nell'età di un patriarca potrebbero essere riassunte le vicende della sua tribù: i 969 anni di Matusalemme sarebbero insomma non la vita di un singolo individuo, ma la durata di tutta una serie di generazioni.

10 *Chi comandava le dodici tribù di Israele?*

Seguendo il racconto della Bibbia, le dodici tribù di Israele compaiono per la prima volta come tali quando Mosè nel Sinai ordinò il primo censimento degli ebrei che avevano lasciato l'Egitto e vagavano nel deserto.

In questo censimento c'è una stranezza aritmetica, perché le dodici tribù in realtà sono tredici: Ruben, Simeone, Issacar, Zabulon, Giuda (la tribù da cui nasceranno Davide e il Messia), Efraim, Manasse, Beniamino, Dan, Neftali, Gad, Aser e Levi. Sono i nomi dei figli di Giacobbe che oltre quattrocento anni prima si erano stabiliti in Egitto. Nulla di misterioso: nell'elenco non figura infatti Giuseppe, ma i nomi dei suoi due figli Efraim e Manasse, i cui discendenti sono considerati "una tribù".

Al comando delle tribù all'inizio ci fu Mosè, poi Giosuè. Quando ci fu la divisione della Terra Promessa (l'antica Palestina), ognuna delle dodici tribù ottenne una fetta del territorio: sorsero praticamente dodici Stati, governati da un giudice che amministrava la giustizia.

Dio disse a Noè:
«Costruisci un'arca di legno perché io farò venire un diluvio sulla terra».
(Genesi, capitolo 6)

Com'era grande l'arca di Noè?

La Genesi, nel capitolo 6, racconta che il mondo cominciò a popolarsi, ma Dio vide che la malvagità degli uomini era grande. Il Signore allora si pentì di aver creato l'uomo e decise di distruggerlo.

C'era però un uomo giusto di nome Noè, che Dio chiamò ordinandogli di costruire un'arca. Era una vera e propria nave, capace di resistere alle peggiori tempeste, con misure sconosciute nell'antichità: 156 metri di lunghezza, 26 di larghezza e 15 di altezza. Una specie di grattacielo galleggiante di 70 mila metri cubi.

Nell'arca entrò Noè con la moglie, i tre figli, le mogli dei figli. Venne imbarcata inoltre una coppia per ogni animale vivente. Sulla terra piovve per quaranta giorni e quaranta notti. Noè rimase nell'arca, in un mondo senza vita, sette mesi. Capì che il diluvio era alla fine quando una colomba ritornò tenendo nel becco un ramoscello fresco d'olivo.

A lui e ai suoi discendenti il Signore offrì un patto: non avrebbe più maledetto la terra a causa dell'uomo, né avrebbe mandato più alcun diluvio a distruggerlo.

Babele

Località ove fu elevata la grande torre, identificata con Babilonia. Nel racconto della torre di Babele (Dio confuse le lingue degli uomini), la Bibbia vuol dimostrare che gli uomini e i popoli non possono coesistere senza un riferimento a Dio.

Diluvio

Straordinaria inondazione nella quale si salvarono solo Noè, la sua famiglia e alcuni animali. Con la salvezza di Noè inizia un nuovo patto di Dio con l'umanità. Nell'interpretazione cristiana il diluvio viene visto come figura del battesimo.

Ur

Città a sud di Babilonia i cui abitanti veneravano il dio-luna Sin. È la patria della famiglia di Abramo, da cui egli si distaccò per seguire la promessa divina di un'altra terra.

Circoncisione

Asportazione chirurgica del prepuzio dall'organo sessuale maschile, che viene praticata l'ottavo giorno dopo la nascita e ha valore di rito: è segno dell'alleanza conclusa da Dio con Abramo e con i suoi discendenti e simboleggia quindi l'aggregazione alla comunità di Israele. Dal vangelo sappiamo che anche Gesù viene circonciso una settimana dopo la nascita.

Olocausto

Nelle religioni del mondo antico era il sacrificio cruento in cui la vittima veniva bruciata interamente sull'altare, come offerta completa. È una parola usata oggi per indicare lo sterminio degli ebrei durante la seconda guerra mondiale.

Primizie

È l'offerta alla divinità costituita dai primi frutti della terra e dai primogeniti degli animali.

Pasqua

La parola deriva dall'ebraico *pesah*, che significa "passare oltre", e indica una fase delle feste ebraiche più antiche e importanti. Commemora la liberazione di Israele dalla schiavitù dell'Egitto e in particolare l'intervento di Dio che fece morire tutti i primogeniti degli egiziani, ma "passò oltre" le tende degli ebrei segnate con il sangue dell'agnello. Anche la Pasqua cristiana commemora una liberazione: la liberazione dell'uomo dalla schiavitù del peccato operata da Gesù Cristo con la sua morte e risurrezione.

12 *Perché Dio chiese ad Abramo di uccidere il figlio Isacco?*

Abramo è il primo uomo che crede in Dio perché egli si rivela in una grande promessa: «Esci dalla tua terra, dalla tua parentela e dalla casa di tuo padre, e va' verso la terra che io ti mostrerò e farò di te una grande nazione» (Genesi, capitolo 12). Così Dio entrò nella storia e si creò un popolo destinato a generare il Messia, «il popolo eletto».

Dio per mettere alla prova la fede di Abramo gli chiese il sacrificio più grande che si possa chiedere a un padre, quello di uccidere Isacco, l'unico figlio che aveva.

E Abramo, con la morte nel cuore, stava per farlo. A Dio bastò il gesto e un angelo fermò il braccio dell'uomo di fede.

Un giorno, poi, sarà Dio a dimostrare agli uomini la vastità del suo amore, accettando di sacrificare Gesù, suo unico figlio, per la salvezza dell'umanità.

13 *Perché il sacrificio degli animali era gradito a Dio?*

Quello di uccidere animali per onorare Dio, oggi, può sembrare un atto di crudeltà. Fu Gesù stesso a dire, citando una frase del profeta Osea, che il sacrificio più gradito a Dio è la misericordia.

In realtà l'uomo dell'antichità, in quasi tutte le religioni, con i sacrifici cruenti esprimeva la sua adorazione a Dio. Gli ebrei "sacrificavano" i beni più preziosi: gli animali più pregiati, le primizie della terra, le bevande più prelibate. Carne, focacce, bevande, frutta, vino, dopo l'offerta sacrificale, costituivano il *pasto sacro*, di cui sacerdoti e fedeli si nutrivano, per simboleggiare la loro unione alla divinità.

Nella religione cristiana Gesù abolisce i "vecchi" sacrifici, e, offrendo se stesso a Dio sulla croce, ha dato significato spirituale a ogni atto di offerta.

...Dio volle mettere alla prova Abramo: «Prendi tuo figlio e offrilo in olocausto». (Genesi, capitolo 22)

14 *Chi ha scritto i dieci comandamenti?*

Un giovane chiese a Gesù: «Che debbo fare per ottenere la vita eterna?». Gesù rispose: «Osserva i comandamenti».

I comandamenti ai quali Gesù si riferiva sono descritti in due libri della Bibbia, Esodo (capitolo 20) e Deuteronomio (capitolo 5), e dettati da Mosè al popolo di Israele sul monte Sinai. Fu la solenne dichiarazione di alleanza tra Dio (Jhwh) e il popolo eletto dopo la liberazione dai faraoni d'Egitto.

I dieci comandamenti sono chiamati anche *Decalogo*, parola greca che significa "dieci parole". Parole scritte «con il dito di Jhwh», dice la Bibbia, su due lastre di pietra preparate da Mosè. Le tavole della legge venivano custodite nell'arca dell'alleanza, il grande tabernacolo che accompagnò Israele nel deserto fino alla Terra Promessa. L'arca ebbe poi sede stabile nel tempio di Gerusalemme. Dell'arca si persero le tracce quando il tempio fu distrutto nel 587 a.C.

Jhwh

È il nome biblico di Dio. Significa: «Colui che è». Gli israeliti per rispetto non osavano pronunciare questo nome e preferivano chiamarlo *Adonai* (Signore). Altri nomi, che nella Bibbia indicano Dio, sono *El*, *Elohim* (forma plurale di El: gli dèi), *Eloah*.

I comandamenti

Io sono il Signore Dio tuo:

1. Non avrai altro Dio fuori di me
2. Non nominare il nome di Dio invano
3. Ricordati di santificare le feste
4. Onora il padre e la madre
5. Non uccidere
6. Non commettere atti impuri
7. Non rubare
8. Non dire falsa testimonianza
9. Non desiderare la donna d'altri
10. Non desiderare la roba d'altri

Pane àzzimo

È il pane senza lievito, non fermentato. Gli ebrei ebbero ordine, prima della liberazione dall'Egitto, di mangiare questo tipo di pane insieme con le carni d'agnello arrostite. Il pane àzzimo simboleggia la fretta, la partecipazione degli ebrei al momento della partenza dall'Egitto.

Patto

In ebraico si dice *berit*, e significa "accordo": veniva stipulato tra individui e gruppi. Il "patto antico" era tra Dio e il popolo d'Israele. Alla fedeltà di Jhwh, che non cesserà mai di amare il suo popolo, non corrispose sempre la fedeltà di Israele, che subiva disavventure e peripezie ogni volta che si allontanava dall'unico Dio per seguire l'idolatria.

Torah

Parola ebraica che significa "insegnamento", "istruzione". È il nome che gli ebrei danno ai primi cinque libri della Bibbia (detti "Pentateuco") e che viene comunemente tradotto con l'espressione "legge di Mosè" o semplicemente "legge".

Tenda

È l'abitazione dei popoli nomadi. Durante le peregrinazioni nel deserto, dopo la fuga dall'Egitto, la tenda rappresentò il santuario del popolo di Israele. In essa si conservava l'arca dell'alleanza con le tavole della legge. Dopo la conquista della Terra Promessa perse la sua importanza a favore dei diversi santuari.

15 *Cos'era la manna che gli ebrei mangiavano nel deserto?*

Il celebre episodio della manna si trova nel libro dell'Esodo (capitolo 16). Questa sostanza fu il nutrimento principale degli ebrei per i quarant'anni della loro permanenza nel deserto e cessò improvvisamente quando essi entrarono in Canaan, nella Terra Promessa. La parola "manna" deriva dall'ebraico *man-hu*, che significa "che cos'è?".

Gli arabi chiamano ancora oggi *man* la sostanza resinosa e spessa come il miele che cola dalla tamerice, un alberello del Sinai. La manna dunque effettivamente esiste. Ma durante l'esodo degli ebrei si produceva in quantità tale da sfamare migliaia di persone, e quella che avanzava marciva. Resisteva però intatta quella che si raccoglieva in più il sesto giorno perché nel settimo giorno, dedicato al riposo, non se ne produceva. La manna col passare del tempo fu ricordata come il "cibo della sapienza", mentre nella liturgia cristiana viene vista come figura dell'eucaristia.

16 *Quanti ebrei riuscirono ad arrivare nella Terra Promessa?*

Sono passati quarant'anni, da quando il popolo d'Israele ha lasciato l'Egitto. A Mosè, il loro condottiero, non è stato concesso di raggiungere la Terra Promessa; neanche ai suoi fratelli Aronne e Maria. Ora a comandare il popolo eletto c'è Giosuè, il quale decide di varcare il fiume Giordano e di entrare nella Terra Promessa, la Palestina. Davanti a tutti procede l'arca dell'alleanza, portata dai sacerdoti. Le acque del fiume si fermano, si apre un varco, gli ebrei raggiungono l'altra riva. La promessa di Dio si compie.

Ma quanti sono? La Bibbia non lo dice. Sappiamo invece che dall'Egitto erano partiti seicentomila uomini e, contando anche le donne e i bambini, dovevano essere circa due milioni. Sembra una cifra esagerata, per delle tribù nomadi. Dei capi partiti dall'Egitto solo Giosuè e Caleb giungono in Palestina.

LE PEREGRINAZIONI
NEL DESERTO
Fenicio
Nave egizia
Gerico
Deserto
di Sin
Ramses
Deserto
di Sur
Egizio
Edom
Deserto
di Paran
Mosè
Monte Sinai
Araba

Deserto

Indica un luogo arido e disabitato. Nella Bibbia, però, il deserto non è un territorio del tutto privo di vita: in esso infatti c'è anche un minimo di vegetazione, quanto basta per consentire la sopravvivenza di greggi e di tribù nomadi. Il deserto è luogo di penitenza, di purificazione, di tentazione, ma anche luogo di preghiera e di preparazione a una missione.

Canaan

È il territorio delle tribù di Israele. Occupava grosso modo l'attuale Stato d'Israele.

Schiavitù

Comune nell'antichità, era praticata anche in Israele. Diventavano schiavi soprattutto i prigionieri di guerra. Anche alcuni ebrei (debitori insolventi, ladri condannati) potevano essere ridotti in schiavitù in Israele, ma dovevano ritornare liberi nell'anno del giubileo (anno di liberazione) o dopo sette anni.

Nazireo

Vuol dire "consacrato". Tra gli ebrei si chiamavano nazirei coloro che osservavano, per un certo periodo di tempo, il voto di non radersi la barba, non tagliarsi i capelli, non bere bevande alcoliche. La Bibbia dice che Sansone e Samuele erano nazirei a vita.

Teofania

Teofania vuol dire apparizione di Dio, una sua manifestazione visibile. Egli appare sempre accompagnato da fenomeni di tempesta: nubi, fumo, fuoco, tuono, terremoto; alcune volte sono presenti gli angeli. Una teofania famosa è l'apparizione di Dio a Mosè sul Sinai; e poi, nel Nuovo Testamento, la discesa dello Spirito Santo.

17 *Dov'era la Terra Promessa?*

La Terra Promessa era molto piccola, qualche migliaio di chilometri quadrati meno della Sicilia: occupava grosso modo il territorio dell'attuale Stato di Israele. Da nord a sud, «da Dan a Bersabea» come dice la Bibbia, misurava meno di duecentotrenta chilometri.

Quando gli ebrei, attraversando il fiume Giordano, iniziarono la conquista della terra di Canaan (così veniva chiamata), le zone alte erano coperte da foreste.

Il territorio era diviso in numerosi piccoli Stati indipendenti, ognuno centrato su una città fortificata, governata da un proprio re. Dopo una serie di conquiste (la prima città a cadere fu Gerico), gli ebrei ebbero finalmente un paese proprio. Il lungo viaggio era finito, finiti la fame e la sete, i patimenti di quarant'anni di deserto, remoto era il rumore dei carri del faraone che li aveva inseguiti. Il Signore aveva mantenuto la promessa fatta a Mosè.

18 *Sansone è l'uomo più forte della Bibbia?*

Sansone, un contadino della piccola e bellicosa tribù di Dan, è l'ultimo dei giudici di Israele ed è il meno conformista, anzi il più bizzarro. La sua storia ce la racconta la Bibbia nel libro dei Giudici.

Sansone è votato a Dio sin dalla nascita. È un nazireo: con i suoi capelli lunghi, invocando l'aiuto divino, Sansone può battersi con qualunque nemico. Egli non guida nessun esercito, ma fa tutto da solo: squarta leoni, disperde nemici. È una specie di "primula rossa": segue però istinti che urtano la coscienza israelita, come quello di voler sposare donne filistee, una delle quali, Dalila, sarà la sua rovina.

Sansone, però, non perde mai la fede in Dio. E Dio non si dimentica di lui. Anzi proprio quando sembrava definitivamente sconfitto, egli compie quell'opera di distruzione che lo renderà universalmente celebre: fa crollare i colonnati del tempio filisteo, gridando: «Muoia Sansone con tutti i filistei».

Mosè ordinò ad Israele di partire dal Mar Rosso e si diressero verso il deserto di Sur. (Esodo, capitolo 15)

19 *Chi è stato il più grande re di Israele?*

Il re per eccellenza di tutto Israele è Davide. Dopo la morte di Saul, egli viene consacrato re a Ebron da parte dei giudei, ma qualche anno dopo estende il suo potere su tutta la Terra Promessa. Con lui Israele diventa un regno unito, una nazione fiorente. I primi anni del regno sono segnati da numerosi successi militari. In particolare, Davide conquista la città gebusea di Gerusalemme e ne fa la sua capitale. Pur con le sue debolezze e i suoi peccati, Davide è un re fedele a Dio e riconosce nel Signore il vero capo d'Israele. Regna con giustizia e vuole che il popolo creda e onori il Signore. Il suo grande desiderio è quello di costruire a Gerusalemme una «casa per Jhwh», un tempio che sia più grande e più bello del palazzo reale. Non ci riuscirà, ma il Signore apprezza le sue intenzioni e gli promette di mantenere per sempre la sua dinastia. Una promessa che prefigura l'avvento di Gesù, il figlio di Davide, il Messia, il re universale del definitivo popolo di Dio, che è la Chiesa.

Saul

Primo re di Israele (1030-1010 a.C.). Apparteneva alla tribù di Beniamino e risiedeva a Gabaa, la sua patria. L'unione delle tribù israelite sotto di lui fu provocata dalla continua minaccia dei filistei.

Unzione

In Oriente, soprattutto nell'antichità, all'olio si attribuivano molte proprietà medicamentose. L'unzione di una persona assume carattere sacro quando è una scelta indicata da Dio: si ungevano i sacerdoti e i re d'Israele. Lo stesso Messia sarà chiamato «unto dal Signore».

Filistei

Popolazione che abitava lungo la costa meridionale della Palestina e che proveniva probabilmente dalle isole del Mar Egeo: veniva infatti chiamata anche "popolo del mare". Dopo aver minacciato a lungo il popolo ebraico, i filistei furono definitivamente sottomessi da Davide.

Madianiti

Popolo arabo, originario della penisola del Sinai e delle montagne a est del golfo di Aqaba, che in qualche occasione costituì una minaccia per Israele, per esempio al tempo dei giudici. Mosè sposò una madianita, figlia di Ietro, il sacerdote che lo accolse e lo aiutò.

Cananei

Abitanti di Canaan, cioè del territorio che comprendeva la Siria meridionale e tutta la Palestina. Erano in gran parte mercanti. Quando le tribù di Israele si stabilirono nella Terra Promessa, i cananei continuarono ad abitare nelle città fortificate, sino a che vennero annessi da Davide e Salomone.

Candelabro

Il candelabro con sette bracci è il simbolo del giudaismo. Il candelabro del tempio pesava un talento, cioè trentaquattro chilogrammi d'oro puro.

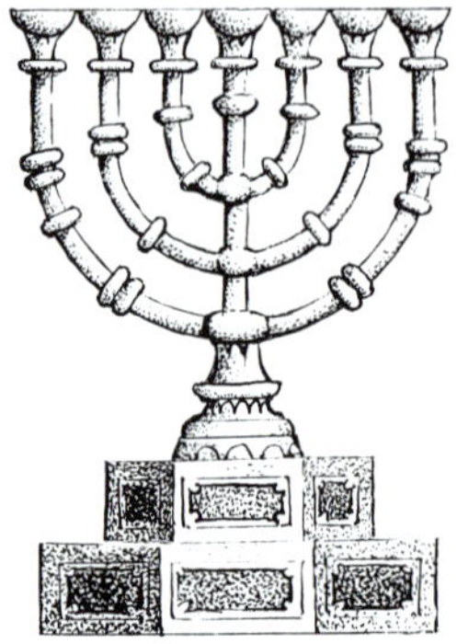

20 *Chi era Golia, il gigante ucciso da Davide?*

Israele è in guerra con i filistei, il cui campione, Golia, sfida come nell'*Iliade* i guerrieri ebrei. È un gigante alto tre metri, con una corazza che pesa da sola più di quaranta chili. Nessuno osa rispondergli. Per quaranta giorni Golia irride alla viltà dei nemici. Si fa avanti un ragazzo biondo e bellissimo di aspetto. Si chiama Davide, è un giovane pastore, la sua unica arma è una fionda. Il ragazzo ha già ucciso con le proprie mani un leone e un orso. Sconfiggerà anche il filisteo? Golia ride; ma quando il gigante sta per muoversi all'attacco, Davide, invocando Dio, scaglia una pietra con la fionda. Colpito in fronte, Golia crolla faccia a terra; Davide gli prende la spada e gli stacca la testa. Tutti i nemici fuggono. Secondo un antico testo egiziano, i filistei erano un "popolo del mare": erano arrivati cioè dal mare, probabilmente da Creta, e si erano stabiliti lungo le coste della Siria e di Canaan. Sono stati accaniti e irriducibili nemici degli ebrei.

21 *Chi era la regina di Saba?*

La regina di Saba è la protagonista di un episodio narrato nella Bibbia (capitolo 10 del primo libro dei Re). Affascinata dai racconti che giungevano da Gerusalemme dove — si diceva — viveva un re saggio, il più saggio e sapiente che fosse mai capitato fra i mortali, volle andarlo a conoscere. Anche per saggiarne la sapienza e la saggezza.

La Bibbia racconta che la regina rimase conquistata dal Dio di Salomone. La leggenda di questa regina è stata poi ampliata dai testi musulmani e dalla letteratura seguente. Ma da dove veniva? Secondo le indicazioni della Bibbia, il paese della regina viene identificato con il regno sabeo, situato nel territorio dello Yemen moderno, tra il Mar Rosso e il Mare Arabico. Secondo altri, però, nel personaggio biblico si dovrebbe riconoscere piuttosto una delle regine arabe del Nord delle quali si parla nei documenti assiri. Per gli abissini, la regina di Saba si chiamava Makeba.

Davide
con la fionda
e una pietra vinse il filisteo e lo colpì a morte...
(1 Samuele, capitolo 17)

22 *Chi ha costruito il tempio di Gerusalemme?*

Fu Davide il primo a voler erigere un tempio a Gerusalemme; ma non ci riuscì. Il progetto fu realizzato da suo figlio Salomone intorno al 955 a.C. L'edificio, molto ammirato per la ricchezza dei rivestimenti in legno pregiato e in oro, era costituito essenzialmente da un vestibolo, da una sala principale chiamata "il santo" e da una cella sacra o "santo dei santi", in cui veniva custodita l'arca dell'alleanza.

Raso al suolo nel 586 a.C. dai soldati babilonesi, il tempio fu ricostruito nel 516. Ma al tempo dei Maccabei (II secolo a.C.) anche questo tempio cadde in rovina, saccheggiato dal re siriano Antioco IV.

Fu il re della Giudea Erode il Grande a ricostruire per la terza volta il tempio, pochi anni prima della nascita di Gesù. Il terzo tempio fu il più imponente, ma ebbe vita molto breve, perché fu raso al suolo dai romani nel 70 d.C.

Gerusalemme

Si trova su un'altura a ottocento metri sul livello del mare. Fu conquistata verso il 1000 a.C. da Davide, che ne fece la capitale del suo regno. Nel 63 a.C. passò sotto il dominio dei romani, che la distrussero nel 70 d.C. Dopo l'avventura dei crociati passò sotto il dominio degli egiziani e poi dei turchi. Oggi fa parte dello Stato di Israele.

Hosanna

È il grido di gioia e di acclamazione che equivale al nostro "Evviva!". Quando Gesù, poco prima della sua passione, entra in Gerusalemme, la folla lo accoglie con gioia gridando verso di lui: «Hosanna al figlio di Davide».

Santuario

In tutte le religioni il termine "santuario" indica un luogo santo ove si svolgono manifestazioni di culto. Nell'Antico Testamento il santuario non era considerato dimora di Dio, bensì il luogo delle sue manifestazioni. I nomadi sceglievano come santuari montagne o sorgenti.

Sacerdoti

Nell'Antico Testamento erano chiamati sacerdoti i ministri del culto pubblico, appartenenti alla tribù di Levi e alla famiglia di Aronne. I compiti dei sacerdoti erano principalmente tre: rivelare ai fedeli la volontà di Dio (oracoli), istruirli nella legge del Signore, ed eseguire i sacrifici. Nel servizio al tempio i sacerdoti erano coadiuvati dai leviti, inservienti di grado inferiore ai sacerdoti.

Sancta sanctorum

Era il "santo dei santi" o *debir*, cioè la parte più interna del tempio di Gerusalemme. Era costituito da una stanza quadrata di quasi nove metri di lato, senza finestre. Un velo lo separava dall'altra ampia sala del tempio, il "santo". Nel tempio di Salomone, il "santo dei santi" racchiudeva l'arca dell'alleanza; mentre nel tempio ricostruito dopo l'esilio esso era vuoto. Solo il sommo sacerdote poteva entrarvi una volta all'anno, nel giorno dell'espiazione, con il sangue del sacrificio espiatorio.

Agnello sacrificale

È l'agnello offerto in sacrificio. È chiaro il riferimento all'episodio dell'agnello pasquale consumato dagli ebrei prima della liberazione dall'Egitto. Essi ebbero ordine di sgozzare un agnello, di segnare con il suo sangue gli stipiti e l'architrave delle loro case e di mangiare le sue carni arrostite insieme con erbe amare e pane azzimo. Nel Nuovo Testamento l'agnello pasquale diventa simbolo di Gesù Cristo che si immola in espiazione dei nostri peccati. È lo stesso Giovanni Battista che, vedendo Gesù venirgli incontro, esclama: «Ecco l'agnello di Dio che toglie il peccato del mondo».

Erbe amare

Sono le erbe che gli ebrei dovevano mangiare alla festa di Pasqua insieme con l'agnello pasquale e il pane àzzimo. Si tratta di cinque erbe diverse, tra cui la cicoria, l'indivia e la lattuga selvatica (le altre due non sono ben identificate). Esse avevano il compito di ricordare agli ebrei l'amarezza della schiavitù in Egitto.

23 *Che cosa vuol dire giudizio salomonico?*

L'espressione deriva da un celebre episodio narrato nella Bibbia (1 Re, capitolo 3). Due donne si presentano al re Salomone e ognuna di esse sostiene di essere la madre dello stesso bambino. Non essendoci fatti o testimonianze che aiutino a dirimere la questione, il re ordina di portare una spada e di tagliare in due il bambino, dandone metà all'una e metà all'altra donna. Una delle due donne accetta quella soluzione, e l'altra invece supplica di non uccidere il bambino e si dice disposta a rinunciare a lui, purché rimanga vivo. Salomone capisce così che la vera madre è la seconda ed assegna a lei il bambino.

L'episodio rivela il senso di giustizia e della sapienza di Salomone, doti che peraltro gli derivano da Dio: «Ecco, io ti dono un cuore saggio e perspicace come non ci fu prima di te né uguale sorgerà dopo di te».

24 *La Pasqua dei cristiani è come la Pasqua degli ebrei?*

La Pasqua (la parola ebraica significa "passaggio") era la più importante delle feste ebraiche. Si celebrava in primavera e ricordava la liberazione del popolo d'Israele dalla schiavitù in Egitto. Nella cena pasquale e per tutta la settimana seguente si mangiava il "pane azzimo", cioè non lievitato, cotto in fretta, proprio in ricordo dei frettolosi preparativi fatti dal popolo per uscire dall'Egitto. Anche per i cristiani la Pasqua è la festa più importante dell'anno, perché celebra la passione, la morte e la risurrezione di Gesù, fatto fondamentale di tutta l'opera di redenzione. La Pasqua cristiana è collegata con quella ebraica perché la passione, la morte e la risurrezione di Gesù avvennero proprio nei giorni della Pasqua giudaica. Ma soprattutto perché il Signore Gesù, con il suo sacrificio, è paragonato all'agnello che gli ebrei uccisero per ordine di Mosè in Egitto e il cui sangue, sparso sulle porte delle loro case, salvò i primogeniti dall'angelo vendicatore, che colpì gli egiziani.

Salomone comandò: «Dividete in due il bambino vivo e datene metà all'una e metà all'altra».
(1 Re, capitolo 3)

25 *Perché i profeti predicevano solo sventure?*

Il periodo dei profeti coincide, nella storia del popolo d'Israele, con una stagione difficilissima nel corso della quale gli ebrei furono spesso esiliati e deportati. E per questo si lasciarono tentare da modelli di vita in contrasto con la legge che Dio aveva dettato a Mosè sul Sinai. Alcuni re e sacerdoti di Israele accettarono perfino di seguire le pratiche idolatriche in vigore nei Paesi confinanti.

I profeti, ispirati da Dio, sorgevano per rimproverare un popolo sbandato e ricordare l'alleanza con Jhwh, l'unico Dio rivelatosi ad Abramo, a Giacobbe, a Mosè. Il richiamo era accompagnato dall'annuncio di pesanti punizioni, sventure, appunto, che puntualmente si sarebbero abbattute sul popolo d'Israele. I "profeti di sventura" in realtà furono i custodi della speranza in Israele e i fedeli precursori del Messia.

Profeti maggiori

I profeti furono i personaggi più importanti nella storia di Israele. Non erano soltanto dei semplici veggenti che prevedevano il futuro, ma uomini scelti da Jhwh per suscitare continuamente tra il popolo la fede in Dio e la fedeltà all'Alleanza. I profeti "maggiori" sono quattro: Isaia, Geremia, Ezechiele e Daniele.

Profeti minori

Dodici sono i profeti minori: Osea, Gioele, Amos, Abdia, Giona, Michea, Naum, Abacuc, Sofonia, Aggeo, Zaccaria e Malachia. La divisione tra profeti maggiori e minori non si riferisce alla loro importanza ma all'estensione delle opere rimaste. Sono chiamati anche "profeti scrittori", perché hanno lasciato il loro nome nei rispettivi libri dell'Antico Testamento. La Bibbia ricorda anche altri profeti come Elia, Eliseo, Natan.

Regno di Israele

Il regno di Israele, dal punto di vista politico, ha una massima organizzazione al tempo di Saul, Davide e Salomone: mille anni circa prima di Cristo. È uno Stato unico suddiviso in dodici distretti, corrispondenti al territorio delle dodici tribù, che prendono il nome dai figli di Giacobbe.
Il regno di Israele ha però una caratteristica: è prima di tutto il regno di Jhwh, Dio è il sovrano supremo. Il carattere religioso del "regno" assumerà vari significati profetici e messianici fino al tempo di Gesù, che identifica nella sua missione il definitivo regno di Dio.

Servo di Jhwh

Del servo di Jhwh si parla nel libro del profeta Isaia. È una figura misteriosa, identificata con lo stesso popolo di Israele; è qualcosa in più di un profeta e di un re. La novità del personaggio, rispetto a una concezione regale e trionfante del Messia, è che egli soffre e muore ingiustamente, offrendosi in sacrificio. Nel Nuovo Testamento il servo di Jhwh è identificato con Gesù.

Il "resto" d'Israele

Nell'antichità "il resto" era ciò che rimaneva di un esercito vinto o di un popolo conquistato, quando non avveniva l'eccidio totale. In Isaia, e negli altri profeti, il «resto di Israele» è il depositario della fede in Jhwh che continua nella sua promessa di alleanza, anche quando tutto il popolo è stato disperso o deportato. Alcuni hanno visto profeticamente nella Chiesa di Cristo la continuazione di quel "resto".

26 *Povero Giobbe! Perché Dio lo tartassava?*

Il libro di Giobbe è uno dei più affascinanti dell'antichità e della Bibbia per la bellezza letteraria e per la modernità del problema che affronta. Perché gli innocenti soffrono ingiustamente, mentre i malvagi prosperano? Giobbe probabilmente non è mai esistito, ma il suo nome è diventato un simbolo di pazienza e di fede. Giobbe aveva ricchezze e benessere ed era un uomo giusto, integro, timorato di Dio e alieno dal male. Ma c'era chi sosteneva che fosse onesto soltanto perché aveva tutto quello che si poteva desiderare. E per questo, per metterlo alla prova, Dio accettò che Satana lo sfidasse. E Giobbe perse tutto: figli, ricchezza, salute. Ma non perse mai la fede in Dio, che alla fine lo guarì e gli restituì moltiplicati tutti i beni. La "sapienza religiosa" di Giobbe trovò piena luce nella storia di Cristo sofferente, che offrì il suo dolore perché "gli altri" fossero perdonati e ripieni di grazia.

27 *Chi annunciò per primo il Messia?*

Il primo annuncio del Messia si trova nella Bibbia, quando Dio, maledicendo il serpente tentatore, dice: «Io porrò inimicizia tra te e la donna, tra la tua stirpe e la sua stirpe: questa ti schiaccerà il capo e tu la assalirai al tallone» (Genesi 3,15). È la grande speranza di vittoria, nella lotta tra il bene e il male, che sarà il filo conduttore di tutta la storia sacra del popolo di Israele. "Messia" è un termine ebraico: vuol dire "unto", riferito al re o al sommo sacerdote, che venivano unti sul capo con olio durante la cerimonia della proclamazione. La stessa parola è stata tradotta in greco con il termine "christós", Cristo. Per i cristiani il Messia, il re salvatore, il sommo sacerdote che santifica l'umanità, è Gesù. La sua venuta sulla terra, cioè l'incarnazione, la morte e la risurrezione sono il compimento di tutte le promesse divine all'uomo in attesa della salvezza.

DIVISIONE DELLA TERRA PROMESSA FRA LE TRIBÙ D'ISRAELE

Geenna

Valle a sud di Gerusalemme, dove si gettavano i corpi dei condannati a morte e le immondizie della città. La Geenna divenne l'immagine del luogo di supplizio per i peccatori e poi, nel Nuovo Testamento, del fuoco dell'inferno.

Nazareth

Era la località della Galilea in cui andarono a vivere Giuseppe, Maria e Gesù di ritorno dall'Egitto. Qui Gesù visse per circa trent'anni, prima di dare inizio alla sua vita pubblica: ecco perché era detto anche "il Nazareno". Oggi Nazareth è una città di quarantamila abitanti ed è capoluogo del distretto settentrionale dello Stato d'Israele.

Censimento

È il conteggio sistematico degli abitanti di un territorio che si fa tenendo conto delle loro condizioni socio-economiche. Anche il censimento ordinato dai romani in Palestina consisteva nella registrazione delle persone e di tutti i loro beni sottoposti a tassazione. Tale registrazione doveva però avvenire nel luogo d'origine del capofamiglia. Ecco perché Giuseppe dovette recarsi con sua moglie Maria a Betlemme.

Presepio

Originariamente la parola indicava la mangiatoia, il posto dove veniva messo il fieno per il bestiame. E fu appunto in una mangiatoia che Maria e Giuseppe deposero Gesù appena nato, perché, come dice il vangelo, «per loro non c'era posto all'albergo». In seguito la parola "presepio" è passata a indicare la ricostruzione di scene della nascita di Gesù che si fa nelle chiese o nelle case in occasione del Natale.

28 *Chi è stato l'ultimo profeta?*

È Giovanni Battista, il precursore di Gesù. I profeti erano coloro che parlavano per conto di Dio, che cercavano di riportare il popolo d'Israele sulla retta via e di prepararlo alla venuta del Messia. Giovanni fa tutto questo con la predicazione e con il battesimo che conferisce ai suoi seguaci nelle acque del Giordano come segno di conversione. Continua infatti a ripetere: «Convertitevi, perché il regno dei cieli è vicino!... Io vi battezzo in acqua perché vi convertiate; ma colui che viene dopo di me è più forte di me... È lui che vi battezzerà in Spirito Santo e fuoco». E Gesù stesso fa un grande elogio del Battista quando dice alle folle: «Che cosa siete andati a vedere nel deserto?... Un profeta? Sì, vi dico, e più che un profeta. Di lui sta scritto: "Ecco io mando avanti a te il mio messaggero, egli preparerà dinanzi a te la tua via". In verità vi dico: fra i nati di donna non è mai sorto uno più grande di Giovanni Battista».

29 *In quale anno è nato Gesù?*

In teoria dovrebbe essere nato all'inizio dell'anno 1, perché noi contiamo gli anni a partire proprio da quell'evento ed è per questo che la nostra èra, arrivata ormai a circa duemila anni, si chiama èra cristiana (o volgare). Ma in realtà non è così. Il vangelo dice semplicemente che Gesù è nato «a Betlemme di Giudea al tempo del re Erode». È un riferimento storico sicuro, ma non permette di stabilire un anno preciso. Da altre fonti si sa che Erode morì nel 4 a.C. e quindi la nascita di Gesù va collocata con tutta probabilità nell'anno sesto prima dell'era volgare, o comunque in una data compresa tra il 7 e il 4 a.C. Il computo degli anni che seguiamo ancora oggi parte in realtà da una data sbagliata: e la responsabilità di tutto questo è di Dionigi il Piccolo, un monaco dell'Europa orientale vissuto nel VI secolo, il quale fu il primo a contare gli anni dalla nascita di Gesù, fissandola erroneamente all'anno 754 dalla fondazione di Roma.

L'angelo disse a Maria: «Tu darai alla luce un figlio, a cui porrai nome Gesù».
(Luca, capitolo 1)

30 *Perché Dio volle che Gesù nascesse da una vergine?*

Il primo uomo, Adamo, non ha né padre né madre. Allo stesso modo Gesù, il primo della nuova umanità, non ha un padre terreno. Egli nasce però tra gli uomini, e Dio Padre gli assegna una madre, una vergine di nome Maria. L'agire divino elude le leggi della natura, e per noi il mistero di questo miracolo rimane. Tuttavia da questo evento scopriamo due verità. La prima è che la "maternità verginale" di Maria si compie prima ancora che Gesù fosse concepito nel suo seno. Lei compie un atto di fede, crede alle parole dell'angelo che le preannuncia la «pienezza dei tempi», la venuta del Messia. La seconda verità è che la "verginità" può diventare una scelta religiosa, un dono a Dio perché si realizzi il suo piano di salvezza.

Immacolata Concezione

Vuol dire che la Madonna fu preservata dal peccato originale in virtù del Figlio che sarebbe nato da lei. Questa prerogativa di Maria fu proclamata come verità di fede universale dal papa Pio IX nel 1854, anche se è un'antichissima credenza dei fedeli. La festa dell'Immacolata ricorre l'8 dicembre.

Maria

È la forma latina del nome ebraico Miriam. Molte donne con questo nome sono citate nella Bibbia. Si chiamava Maria la sorella di Mosè; Maria è la madre di Gesù. Ci sono poi Maria di Magdala; Maria, madre di Marco; Maria di Cleofa, madre di Giacomo; Maria di Betania, sorella di Marta e di Lazzaro, gli amici di Gesù.

Nascite miracolose

Le maternità straordinarie sono presenti in molti passi delle sacre Scritture, e indicano sempre un particolare progetto di Dio sul nascituro. Ricordiamo la sterilità di Sara (nasce Isacco), di Rebecca (nascono Esaù e Giacobbe), di Rachele (nasce Giuseppe), della madre di Sansone, di Anna, madre di Samuele, di Elisabetta (nasce Giovanni Battista), e, infine, la Vergine Maria, madre di Gesù.

Madre di Dio

È il titolo più grande attribuito a Maria, madre di Gesù, nel 431, durante il concilio di Efeso. Si respingeva così l'eresia che riteneva Maria solo madre dell'uomo Gesù. In realtà, questo titolo straordinario indica due fatti rivelati: l'abbassamento del Figlio di Dio fino a diventare figlio di una donna, e l'elevazione dell'umanità fino a Dio con una donna che diventa madre di una persona divina. Si tratta cioè della verità centrale della nostra fede: l'incarnazione del Figlio di Dio.

Sogni

Nell'antichità il sogno aveva grande importanza, perché era considerato un mezzo attraverso il quale la divinità faceva conoscere il suo volere. Anche nella Bibbia è così. Dio si serve spesso dei sogni per parlare ai patriarchi e ai profeti. E nel Nuovo Testamento Dio fa conoscere in sogno la sua volontà a Giuseppe, quando si tratta di tranquillizzarlo su Maria sua sposa e quando è il momento di fuggire in Egitto o di far ritorno in patria.

Stella dei Magi

È stata generalmente identificata con una cometa. Ma forse la stella che appare ai Magi e li guida verso Gesù è semplicemente un simbolo: vuol significare che Dio fa giungere il suo messaggio in modo adeguato a tutti. Perciò ai Magi, che erano studiosi di astronomia e profondi conoscitori del cielo, egli parla mediante un segno celeste.

Mirra

È una gomma resinosa che trasuda da un arbusto tipico delle regioni vicine al Mar Rosso. Serviva per preparare profumi di lusso e per unguenti di vario tipo. È uno dei doni offerti a Gesù dai Magi, insieme con oro e incenso. Anche quest'ultimo è una resina profumata e veniva bruciata in onore della divinità.

31 *Chi erano i re Magi venuti dall'Oriente?*

Che i Magi fossero tre, che fossero dei re, che uno di loro avesse la pelle nera, dal vangelo non risulta: si tratta di elementi aggiunti dalla fantasia popolare, che in ogni tempo è stata affascinata dall'immagine di questi saggi in cammino, al passo dei cammelli, dietro la guida di una cometa. Si sa solamente che essi venivano dall'Oriente e probabilmente dalla Persia, patria dei Magi vaganti (scrutatori delle stelle, indagatori di misteri). Comunque si tratta di stranieri. Dopo i poveri, i pastori, sono gli stranieri ad accorrere riverenti presso il figlio di Maria e Giuseppe. Molti nomi sono stati attribuiti ai Magi: nel corso dei secoli si sono imposti quelli di Gaspare, Melchiorre e Baldassarre. I loro doni al neonato (oro, incenso e mirra) sono il primo riconoscimento che il bambino di Betlemme è destinato ad essere "un re" nella futura storia dell'umanità.

32 *Esiste ancora Betlemme?*

Era chiamata anche Efrata, che significa "ricca di frutti", perché i suoi dintorni sono fertili. Era la patria di Davide e della sua famiglia: nel V secolo a.C. il profeta Michea preannunciò il suo straordinario destino: «Da te, Betlemme, nascerà il dominatore d'Israele...». Posta a otto chilometri da Gerusalemme, sulla strada carovaniera verso l'Egitto, Betlemme ha avuto per molto tempo una certa importanza strategica. Dopo i tempi di Gesù, ha avuto numerose vicissitudini. Elena, madre dell'imperatore Costantino, vi fece costruire una chiesa sulla grotta della Natività. Distrutta nel VI secolo, la chiesa fu ricostruita dall'imperatore Giustiniano. La cittadina passò successivamente sotto il controllo degli arabi, poi dei crociati, dei turchi, dei giordani e attualmente appartiene allo Stato d'Israele. La sua popolazione attuale (circa trentaduemila persone) è formata da cristiani e musulmani.

Un angelo disse a Giuseppe:
«Prendi il bambino e sua madre
e fuggi in Egitto».
(Matteo, capitolo 2)

33 *È vero che Gesù fu profugo in Egitto?*

Matteo, nel suo vangelo, racconta che l'angelo appare a Giuseppe per avvertirlo che a Betlemme c'è grave pericolo. Erode ha appena ordinato di uccidere tutti i bambini sino a due anni. Giuseppe con Maria e il bimbo si dirige verso l'Egitto. Da sempre gli ebrei consideravano l'Egitto una specie di rifugio, quando le cose si mettevano male. Era lì che riparavano i perseguitati. Era lì che andavano a cercare un po' di grano quando sulla loro terra si abbattevano carestie. In Egitto, a Matariyeh, vicino alla piramide di Gizeh, si era formata una fiorente comunità ebraica. Là, secondo la tradizione, si sarebbe rifugiata la santa famiglia. Ma ad ogni modo quello egiziano è un soggiorno breve. Morto Erode, per la terza volta appare a Giuseppe l'angelo per avvisarlo che il pericolo per la vita del figlio è passato. La famigliola rientra in Galilea e si stabilisce nella cittadina di Nazareth.

Mare salato

È uno dei nomi con cui nella Bibbia viene indicato il Mar Morto, il lago in cui sfocia il fiume Giordano. Occupa una vasta depressione, lunga circa 80 chilometri e situata a 395 metri sotto il livello del mare. Per la fortissima evaporazione l'acqua del lago contiene un'alta percentuale di sali, che la rende densa e molto amara.
Altri nomi usati dalla Bibbia per indicare il Mar Morto sono: Mare della Pianura, Valle di Siddim, Mare Orientale, Mare di Jazer.

Giuseppe, il falegname

È lo sposo di Maria e il padre putativo di Gesù. A lui il Signore rivela in sogno che Maria ha concepito Gesù per opera dello Spirito Santo. Sempre in sogno il Signore lo avverte che Erode vuole uccidere il bambino e più tardi che Erode è morto. Giuseppe si stabilisce con la famiglia a Nazareth, dove lavora come falegname.
Il vangelo parla per l'ultima volta di lui in occasione del viaggio a Gerusalemme, quando Gesù ha dodici anni. Si suppone quindi che egli sia morto quando Gesù era ancora molto giovane.

Libri storici

Sono i libri della Bibbia che raccontano avvenimenti e fatti della storia del popolo d'Israele. Dei quarantasei libri che, compreso il Pentateuco (Genesi, Esodo, Levitico, Numeri e Deuteronomio), compongono l'Antico Testamento sono considerati "storici": il libro di Giosuè, quello dei Giudici, quello di Rut, i due di Samuele, i due dei Re, i due delle Cronache, quello di Esdra, quello di Neemia, quello di Tobia, quello di Giuditta, quello di Ester e i due dei Maccabei.

Libri profetici

Sono quelli che contengono i messaggi dei profeti. Per quanto riguarda l'Antico Testamento sono considerati "profetici" i seguenti diciotto libri: Isaia, Geremia, Lamentazioni, Baruc, Ezechiele, Daniele, Osea, Gioele, Amos, Abdia, Giona, Michea, Naum, Abacuc, Sofonia, Aggeo, Zaccaria, Malachia.

Libri della Sapienza

Sono i libri che trattano della sapienza, intesa non soltanto come saggezza umana, capacità di realizzare una vita felice, ma anche come saggezza di origine divina, che porta a scoprire Dio e il suo disegno di salvezza. Tra i libri dell'Antico Testamento sono considerati "sapienziali" questi sette: Giobbe, Salmi, Proverbi, Ecclesiaste (o Qoèlet), Cantico dei Cantici, Sapienza, Ecclesiastico (o Siràcide).

Salmi

Il libro dei Salmi è una raccolta di centocinquanta liriche religiose suddivise in cinque parti, come i cinque libri del Pentateuco. Secondo i contenuti, i salmi si chiamano: regali, inni di lamentazione, di ringraziamento, profetici, sapienziali. La tradizione della "preghiera cantata" degli israeliti si è trasferita nella liturgia della Chiesa, che tiene in altissima considerazione queste antiche preghiere bibliche.

34 *Gesù andava a scuola?*

I vangeli non ne parlano, ma anche Gesù, come i suoi coetanei, ha sicuramente frequentato la scuola di Nazareth, riservata ai maschi, presso la sinagoga. Niente scuole invece per le bambine. L'unico libro di testo era la Bibbia. A cinque anni il bambino incominciava gli studi sacri. A dieci doveva conoscere e mettere in pratica l'intera legge del Signore. A quindici perfezionava le sue conoscenze. Gesù, a dodici anni, dice Luca, nell'incontro con i dottori della legge dimostra di essere ben preparato sulle sacre Scritture. Attraverso la Bibbia il ragazzo apprendeva pure i primi elementi della grammatica, della storia e della geografia. Ogni versetto del libro veniva imparato, recitato e commentato una, dieci e cento volte, come le tabelline pitagoriche di oggi. Una ripetizione ossessiva? Tutt'altro. Bisogna pensare che cosa rappresentava la Bibbia agli occhi di un ragazzo ai tempi di Gesù. La Bibbia era tutto, e tutto era nella Bibbia: poesia, storia, conoscenze naturali e morali. E poi tante storie avventurose.

35 *Qual era la preghiera più importante per gli ebrei?*

La preghiera fondamentale degli ebrei, il loro principale atto di fede, era chiamata *Shemà*, che è la prima parola del testo, e significa "Ascolta!". È la preghiera che anche Gesù ha sicuramente recitato moltissime volte. Tutte le attività pubbliche iniziavano con la recita di questa preghiera; un buon ebreo doveva recitarla almeno tre volte al giorno e nel momento della preghiera doveva rivolgersi verso Gerusalemme. Ecco un brano significativo: «Ascolta, Israele: il Signore è il nostro Dio, il Signore è uno solo. Tu amerai il Signore tuo Dio con tutto il cuore, con tutta l'anima tua e con tutte le tue forze. E questi comandamenti, che oggi ti do, rimangano sempre impressi nel tuo cuore, insegnali ai tuoi figli, parlane loro e quando te ne stai in casa tua, e quando cammini per via, e quando ti corichi, e quando

Giuseppe e Maria dopo tre giorni ritrovarono Gesù nel Tempio in mezzo ai dottori. (Luca, capitolo 2)

ti alzi. Legali come segnale alla tua mano e ti siano come frontali fra i tuoi occhi; scrivili sugli stipiti della tua casa e sopra le tue porte...» (Deuteronomio 6,4-9).

36 *Chi erano i dottori della legge?*

Con la dispersione degli ebrei, durante le deportazioni, nasce l'esigenza di fissare con precisione la dottrina e i riti per il popolo d'Israele e non disperdere così il patrimonio di fede dei padri. Si codifica il culto, si stabilisce con precisione il calendario delle feste e si giunge poi, verso l'anno 200 a.C., alla definitiva compilazione della *Toràh* costituita dai cinque libri della Bibbia (Genesi, Esodo, Levitico, Numeri, Deuteronomio). Ma la legge, per santa che sia, resta astratta e difficile per il popolo. Ed è per questo che nasce la classe degli scribi o dottori della legge, che hanno il compito di spiegarla e insegnarla, di interpretare i precetti divini. Al profeta del passato si sostituisce lo scriba, intermediario tra l'uomo e Dio, come lo erano appunto i profeti antichi. Con una sola differenza: che mentre il profeta riceveva da Dio la missione di parlare al popolo, lo scriba si fa interprete della legge mosaica in forza della dottrina e della saggezza acquisite.

Farisei

Ai tempi di Gesù erano i seguaci di un movimento popolare religioso (non erano sacerdoti) che teorizzava una rigorosa osservanza della legge. Gesù, il rabbi di Galilea, sferza la loro superbia, la loro avidità, la loro ambizione e la loro ipocrisia. I farisei, insieme con i sommi sacerdoti, concordarono l'eliminazione di Gesù.

Rotolo della legge

I testi della legge (o della Storia Sacra) erano scritti su lunghe pergamene o in papiri. Si avvolgevano su due bastoni posti alle due estremità. Ogni rotolo poteva essere lungo anche dieci metri ed era alto circa dieci centimetri.

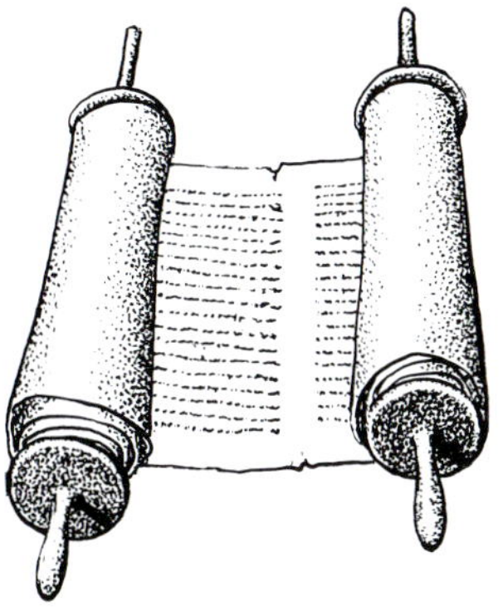

Sadducei

Seguaci di un movimento politico religioso ebraico ai tempi di Gesù: vi facevano parte sacerdoti di alto rango e famiglie ricche.
Rifiutavano la tradizione orale, la risurrezione e l'esistenza degli angeli. I sadducei, insieme con i farisei, provocarono la condanna a morte di Gesù.

Ebrei

Si chiamano così gli appartenenti al popolo israelita. Questo è il nome che gli stranieri davano agli antichi discendenti di Abramo, indicando un preciso gruppo etnico più che la religione che essi praticavano. Alcuni studiosi fanno risalire il ceppo originario degli ebrei ad antiche popolazioni mesopotamiche, chiamate Habiru o Apiru. Erano tribù nomadi e battagliere, che spesso venivano domate e rese schiave.

Diaspora

Dispersione di un popolo nel mondo dopo l'abbandono delle sedi di origine. In particolare, con questa parola si indica la dispersione degli ebrei nel mondo antico, dall'esilio babilonese (VI secolo a.C.) in poi.

Rabbino

Vuol dire "maestro". Nella comunità degli ebrei è il titolo di dottore della legge, e guida spirituale e religiosa di una comunità. I discepoli di Gesù chiamavano "rabbi" il loro maestro.

Figlio dell'uomo

Così è chiamato Gesù nei vangeli per ben settantadue volte. Il primo ad usare questa espressione è stato il profeta Daniele per simboleggiare il popolo d'Israele al cospetto di Dio. In seguito il Figlio dell'uomo assunse il carattere del giusto, figlio dell'Altissimo, che giudica, partecipa alle sofferenze degli uomini, li salva, verrà alla fine del mondo. Tutti questi significati vengono applicati dagli evangelisti a Gesù.

Figlio di Dio

Questo titolo nell'Antico Testamento è attribuito a creature celesti. Nei vangeli, e nella fede cristiana, indica Gesù come seconda persona della Santissima Trinità, colui che ci salva e ci fa partecipi dell'amore del Padre, rendendoci figli di Dio.

37 *Che differenza c'è tra sinagoga e tempio?*

Semplificando si può dire che il tempio è il "santuario", la "dimora di Dio", mentre la sinagoga è il luogo in cui si riunisce l'"assemblea" dei fedeli. Gli ebrei avevano (fino all'anno 70 d.C.) un solo tempio, quello di Gerusalemme. Esso era costituito da tre vani di "santità" crescente: il vestibolo, aperto alla vista di tutti; il "santo", dove si trovavano l'altare dei profumi, il candelabro e la tavola dei pani di offerta e dove i sacerdoti entravano due volte al giorno; il "santo dei santi", dove si trovava l'arca dell'alleanza e dove entrava soltanto il sommo sacerdote una volta all'anno. L'altare degli olocausti sorgeva invece all'esterno dell'edificio. L'origine delle sinagoghe risale all'esilio e alla conseguente *diaspora* (dispersione) del popolo ebraico. In ogni sinagoga si trovano una sorta di tabernacolo con la *Toràh* (i libri sacri della legge), una tavola di lettura e un pulpito.

38 *Gesù ebbe altri fratelli?*

Nel vangelo si segnala spesso che Gesù aveva dei fratelli e delle sorelle. Ma attenzione: le lingue originali della Bibbia sono l'ebraico antico e l'aramaico, nelle quali l'espressione "fratello" ha un significato più largo e meno preciso. Esempi: Lot è chiamato "fratello" di Abramo, mentre in realtà è suo nipote; Labano è chiamato "fratello" di Giacobbe, mentre in realtà è suo zio. Altre indicazioni possono venirci dagli evangelisti. Giovanni dice che sua madre Salome è «sorella di Maria, madre di Gesù». Si sa che Giovanni non era fratello di Gesù. Si può supporre che fosse cugino e non fratello. Giovanni racconta inoltre che sotto la croce quel giorno c'era anche lui con Maria, madre di Gesù. Gesù si rivolse alla madre e indicando Giovanni disse: «Donna, ecco tuo figlio», e poi a Giovanni: «Ecco tua madre». Fratello, sorella, figlio, madre: parole che nel linguaggio cristiano di ieri e di oggi acquistano un significato che va al di là della parentela carnale.

Gli abitanti di Gerusalemme e di tutta la Giudea si facevano battezzare da Giovanni Battista nel fiume Giordano.
(Matteo, capitolo 3)

39 *Perché Giovanni Battista non diventò discepolo di Gesù?*

Figlio di Elisabetta e Zaccaria, coetaneo e cugino di Gesù, Giovanni Battista viene definito l'ultimo profeta dell'Antico Testamento. I vangeli descrivono la sua vita austera nel deserto. Predicava la venuta del regno di Dio e battezzava i seguaci nel fiume Giordano. Battezzò anche Gesù. *Testimone* del Messia e non seguace, questa fu la sua missione profetica, alla quale fu tenacemente fedele fino alla fine. Fu decapitato da Erode Antipa, che il Battista aveva accusato di immoralità. Gesù definì Giovanni Battista «il più grande tra i nati di donna».

Battista

Giovanni, che battezzò Gesù nel fiume Giordano, lo chiamiamo Giovanni Battista, per distinguerlo dall'apostolo Giovanni. Non si tratta di un secondo nome, ma di un appellativo che vuol dire "battezzatore". Il battesimo, prima di Gesù, veniva praticato da alcune sette religiose ebraiche come simbolo di purificazione, mentre Giovanni, testimone del Messia, ne fa uno strumento per annunciare il regno di Dio imminente. Come riferiscono i vangeli, la grande personalità e la vita austera che conduceva attirarono molti seguaci a Giovanni Battista.

Giordano

È un fiume piuttosto modesto: ha un corso di soli 320 chilometri (la metà del corso del Po). Nasce sul Monte Hermon (Libano) e va a versare la sua acqua dolce in quella salata del Mar Morto, a 395 metri sotto il livello del mare.

Salomè

Figlia di Erodiade e di Erode Filippo, seguì la madre che, abbandonato il marito, conviveva con il cognato Erode Antipa. In un banchetto Salomè, dopo aver danzato suscitando le più vive lodi dei presenti, su istigazione della madre chiese e ottenne da Antipa la testa di Giovanni Battista.

Erode

Nome di una famiglia idumea che dalla metà del primo secolo a.C. al 93 d.C. esercitò il potere in Giudea. Ricordiamo Erode il Grande, che si macchiò di gravi crimini (il vangelo ricorda la strage dei bambini innocenti a Betlemme), ed Erode Antipa che governò la Galilea ai tempi di Gesù e che fece decapitare Giovanni Battista.

Apocrifi

Letteralmente la parola, di derivazione greca, significa ''nascosti'' e serve a designare quegli scritti che si riferiscono a Gesù o a personaggi del Nuovo Testamento, ma che non sono stati riconosciuti come ''ispirati'', ''sacri'', e non fanno quindi parte della Bibbia. Esistono numerosi vangeli, atti, epistole e apocalissi apocrifi. I loro autori si ''nascondevano'' dietro i nomi famosi di alcuni apostoli, come Tommaso, Giacomo e altri.

Canone

La parola, di origine greca, significa ''regola''. È usata talora come sinonimo di Bibbia o sacra Scrittura, in quanto essa è la ''regola'' della fede. Ma generalmente viene chiamato ''canone'' l'elenco dei libri che sono riconosciuti come ''ispirati'' da Dio e che quindi compongono la Bibbia. Sono esattamente settantatré i libri ''canonici'': quarantasei nell'Antico Testamento, ventisette nel Nuovo Testamento. I libri che la Chiesa ha escluso dal canone sono detti apocrifi.

Conversione

Vuol dire ravvedimento, cambiamento di vita, mutamento di pensiero. È un concetto ricorrente sia nell'Antico sia nel Nuovo Testamento. Sta a indicare sempre un ritorno a Dio. L'invito alla conversione è individuale, ma anche collettivo: è tutto il popolo che deve convertirsi. Nei vangeli l'appello alla conversione implica una reale trasformazione interiore, un taglio netto con la condotta precedente per dare inizio a una vita nuova.

40 *Perché i vangeli raccontano in modo diverso la vita di Gesù?*

Gli evangelisti, che hanno descritto le opere e le parole di Gesù, avevano davanti un uditorio diversificato.

Matteo: scrive per i cristiani che provenivano dalla religione ebraica. Gesù a loro è presentato come il *Messia* atteso per tanti secoli.

Marco: si rivolge ai cristiani ormai distaccati dal giudaismo e presenta Gesù come *Figlio di Dio*.

Luca: è l'unico evangelista che proviene dal mondo pagano e presenta Gesù come il *centro della storia*, e ne sottolinea il messaggio universale di salvezza.

Giovanni: presenta Gesù il Cristo, il Figlio di Dio, come *colui che salva*, il centro della fede per le prime comunità cristiane già progredite.

Le differenze in realtà hanno permesso di tramandare una ricchezza di contenuti storici, biografici e di fede su Gesù che nessun cronista avrebbe saputo descrivere.

41 *Perché Gesù scelse soltanto dodici apostoli?*

Marco, l'evangelista, dice che Gesù «fece» dodici apostoli, come nell'Antico Testamento è detto che Dio «fece» Mosè, mediatore dell'alleanza, condottiero, legislatore d'Israele. L'essere ''fatto'' dal Signore significa dover tutto a lui, passare in suo dominio, diventare strumento dei suoi disegni, impegnarsi in opere superiori alle capacità umane. Gesù prima sceglie dodici apostoli, poi si forma il gruppo dei settantadue discepoli: cifre che hanno un significato speciale, ben preciso. Il numero dodici rappresenta le dodici tribù di Israele, che costituivano l'antico popolo di Dio, cioè l'insieme del popolo ebreo al quale Gesù si è rivolto prima che ad altri. I dodici apostoli di Cristo dovevano essere l'origine del nuovo ''popolo di Dio''. Il numero settantadue nell'antica tradizione indicava l'insieme dei popoli di tutta la terra. Questo sta ad indicare la volontà di rivolgersi non più soltanto ad Israele, ma a tutti gli uomini senza barriere e confini.

ISRAELE AL TEMPO DEL NUOVO TESTAMENTO

Giudea

Regione storica della Palestina oggi divisa politicamente tra Israele e Giordania. Ai tempi di Gesù era una provincia romana, che aveva la sua capitale a Cesarea ed era amministrata da procuratori romani. In Giudea si trovano Gerusalemme e Betlemme.

Palestina

Regione storica dell'Asia mediterranea. Il suo territorio è compreso fra il Mediterraneo, il deserto siro-arabico, il limite meridionale del Libano e il Mar Morto. Ebbe altri nomi: Canaan, Terra d'Israele, Terra Promessa, Giudea, Terra Santa. Fu chiamata Palestina dai greci dal nome dei filistei (Pelistim) che ne abitavano la costa.

Cielo

Gli antichi pensavano al cielo come a una grande costruzione: in alto il cielo, poi la terra, e sotto di essa l'abisso delle acque. Il cielo è una cupola con le stelle e i pianeti sostenuta da colonne, le cui fondamenta poggiano sulla terra. Al di sopra della volta celeste c'è la misteriosa dimora di Dio e delle creature celesti; nell'abisso si trova lo *Sheol* o dimora dei defunti.

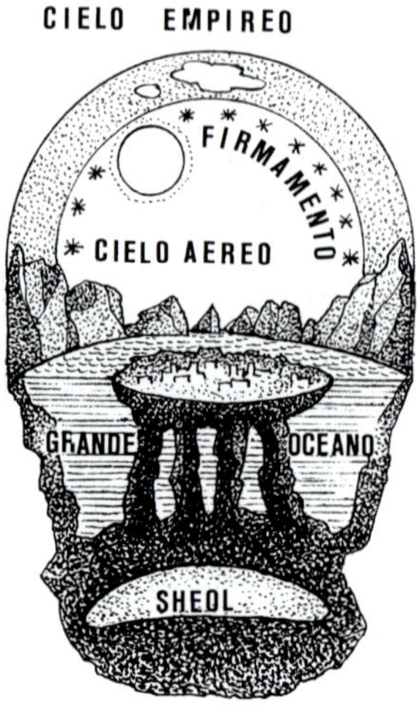

42 *Il regno di Dio è uguale al regno dei cieli?*

Gesù non ha mai dato una definizione del "regno di Dio". Però, rispondendo davanti a Ponzio Pilato all'accusa di essere un ribelle, disse chiaramente di non rivendicare alcun dominio temporale e territoriale: «Il mio regno non è di questo mondo» (Giovanni 18,36). Le due espressioni: "regno di Dio" e "regno dei cieli", esprimono esattamente la medesima idea. La parola "Dio" era troppo sacra per l'ebreo devoto, ed egli non poteva usarla con leggerezza e frequenza. Perciò Matteo, che scrive anzitutto per lettori ebrei, parla normalmente di "regno dei cieli", mentre Marco e Luca preferiscono parlare di "regno di Dio". Ambedue le espressioni indicano, dalla creazione alla venuta di Cristo, dalla nascita della Chiesa alla fine del mondo, ciò che Dio ha pensato e voluto per il bene degli uomini, rivelato e attuato tramite Gesù e la piena e definitiva sovranità di Dio sul mondo, la storia e gli uomini.

43 *A quale età Gesù cominciò a predicare?*

I vangeli danno poche notizie della vita di Gesù prima dell'inizio della sua attività pubblica: l'ultima è quella di Gesù dodicenne che discute con i dottori della legge. Poi più nulla, sino al battesimo di Giovanni Battista. È da questo momento che inizia la missione di Gesù. Quanti anni aveva? I vangeli dicono trenta, ma forse ne aveva qualcuno in più, perché incerta è la data di nascita. Trent'anni, a quell'epoca, rappresentavano la completa maturità. Allora, l'autorità cresceva con l'età, gli anni erano garanzia di saggezza. Alle porte di Gerusalemme, i giudici dei litigi erano gli anziani: cioè gli eletti della vita, non della cultura. Gesù deve apparire già "maturo" di età per rispondere a tante domande sulla vita, sull'uomo, su Dio. Soprattutto deve apparire carico di esperienza spirituale quando comincia a predicare e dice: «Il tempo è compiuto e il regno di Dio è giunto: convertitevi e credete al vangelo» (Marco, capitolo 1).

Gesù, presi i cinque pani e i due pesci, li diede ai suoi discepoli perché li distribuissero alla folla.
(Marco, capitolo 6)

44 *Qual è stato il miracolo più grande di Gesù?*

Il miracolo è un avvenimento straordinario, un evento che può anche stravolgere le leggi della natura. Ma qual è la legge naturale più difficile da modificare? Certamente quella della vita e della morte. Nessun uomo è mai riuscito e mai riuscirà a risuscitare un altro uomo. Tanto meno uno potrebbe risuscitare se stesso. E, invece, Gesù ha fatto proprio questo e qualcosa in più: è riuscito a sconfiggere la propria morte e insieme a cancellare tutti i peccati del mondo con un miracolo eccezionale che ha cambiato il volto della storia umana. Da quel giorno di Pasqua, infatti, tutti gli uomini che credono in Gesù sanno che la morte, sia fisica che spirituale, può essere sconfitta. È questo il più grande miracolo del Figlio di Dio: ci ha dato la capacità di vivere e amare per sempre.

Battisti

Era un movimento religioso di cui faceva parte anche Giovanni Battista, che a sua volta aveva dei discepoli. Praticavano la penitenza in luoghi deserti con il digiuno e la preghiera. Il battesimo che impartivano ai seguaci si chiamava "battesimo di penitenza". Gli Atti degli apostoli raccontano che Paolo in Asia Minore incontrò dei discepoli che avevano ricevuto il battesimo di Giovanni e che non conoscevano la parola di Gesù.

Zeloti

Setta di giudei fanatici che volevano liberare il popolo dalla dominazione romana. Negli anni 66-70 d.C. gli zeloti guidarono gli ebrei in una guerra senza speranza contro Roma, che finì con la distruzione di Gerusalemme.

Gloria di Dio

Non è difficile trovare nelle pitture la rappresentazione della Santissima Trinità nella gloria, ossia circondata da un trono di nubi luminose. È un'immagine dell'Antico Testamento, riferita alla presenza di Dio. Il significato è proprio questo: la "gloria di Dio" è la manifestazione della sua divinità. I cristiani partecipano alla "gloria di Dio" attraverso la risurrezione di Cristo, sua gloria.

Perdono dei peccati

Il peccato è offesa a Dio e soltanto lui può perdonarlo. La preghiera perché Dio liberi gli uomini dai peccati è molto antica, e si trova in molti passi dell'Antico Testamento. Per i cristiani il perdono si ottiene con il sacramento della confessione, e cioè attraverso il pentimento, la confessione dei peccati, l'assoluzione e la penitenza. Il perdono di Dio per noi avviene mediante il sacerdote, rappresentante di Cristo.

MIRACOLI DI GESÙ

	MATTEO	MARCO	LUCA	GIOVANNI
GUARIGIONI DI MALATTIE FISICHE O MENTALI				
Un lebbroso	8,2-3	1,40-42	5,12-13	
Servo del centurione	8,5-13		7,1-10	
Suocera di Pietro	8,14-15	1,30-31	4,38-39	
I due gadareni	8,28-34	5,1-15	8,27-35	
Il paralitico	9,2-7	2,3-12	5,18-25	
Emorroissa	9,20-22	5,25-29	8,43-48	
I due ciechi	9,27-31			
Indemoniato muto	9,32-33			
Uomo con la mano paralizzata	12,10-13	3,1-5	6,6-10	
Indemoniato cieco e muto	12,22			
Figlia della cananea	15,21-28	7,24-30		
Ragazzo epilettico	17,14-18	9,17-29	9,38-43	
Bartimeo e un altro cieco	20,29-34	10,46-52	18,35-43	
Sordomuto		7,31-37		
Indemoniato nella sinagoga		1,23-26	4,33-35	
Cieco di Betsaida		8,22-26		
Donna ricurva			13,11-13	
Idropico			14,1-4	
Dieci lebbrosi			17,11-19	
Orecchio di Malco			22,50-51	
Figlio del funzionario di Cafarnao				4,46-54
Infermo alla piscina di Betesda				5,1-9
Nato cieco				9,1-41
GESÙ COMANDA ALLE FORZE DELLA NATURA				
Tempesta sedata	8,23-27	4,37-41	8,22-25	
Gesù cammina sulle acque	14,25	6,48-51		6,19-21
Cinquemila uomini sfamati	14,15-21	6,35-44	9,12-17	6,5-13
Quattromila uomini sfamati	15,32-38	8,1-9		
Moneta nella bocca del pesce	17,24-27			
Il fico seccato	21,18-22	11,12-14 20-21		
Pesca miracolosa			5,1-11	
Cambiamento dell'acqua in vino				2,1-11
Altra pesca miracolosa				21,1-11
RISURREZIONE DI MORTI				
Figlia di Giairo	9,18-19; 23-25	5,22-24; 38-43	8,41-42; 49-56	
Figlio della vedova di Nain			7,11-15	
Lazzaro				11,1-44

Alle nozze di Cana fu invitato anche Gesù e con i suoi discepoli. C'era anche Maria, sua madre. (Giovanni, capitolo 2)

45 *A Gesù piacevano le feste?*

Non ci sono dubbi: Gesù amava le feste. La sua prima manifestazione pubblica ha avuto luogo a Cana, in una festa nuziale, quando trasformò l'acqua in vino. Ogni festa per Gesù è simbolo del «nuovo regno», quello della gioia e salvezza interiore. La festa più tipica del popolo d'Israele era il sabato. Sull'esempio del Creatore che il «settimo giorno si riposò», anche per gli ebrei dopo sei giorni lavorativi doveva esserci un giorno di riposo, un giorno dedicato a Dio. Le feste principali per gli ebrei erano: la Pasqua, che cadeva in primavera e ricordava la liberazione del popolo d'Israele dalla schiavitù in Egitto; la festa delle Settimane, detta anche Pentecoste, che cadeva in estate; e la festa dei Tabernacoli (o delle Capanne) che cadeva in autunno, praticamente al termine del raccolto e della vendemmia e durava una settimana.

Sabato

Per i cristiani il giorno di riposo e di festa, dedicato al Signore (*Dominus* in latino), è la domenica. Per gli israeliti è il sabato (*sabbat* significa riposo). La tradizione religiosa giudaica ricorda che dopo la creazione, al settimo giorno, Dio si riposò (*sabbat*). Per questo, oltre al culto dovuto al Signore, dovevano riposare gli uomini, gli schiavi e gli animali. Ai tempi di Gesù si contavano trentanove lavori proibiti: era vietato, per esempio, accendere il fuoco, battere le mani, saltare, curare gli infermi, sgranare le spighe di grano. Non ci si poteva allontanare da casa più di un chilometro.

Festa delle capanne

Era chiamata anche festa del Patto o dei Tabernacoli, e si celebrava in autunno. Si chiamava delle Capanne perché tutti i convenuti vivevano nelle capanne durante i sette giorni di festa. Essa risaliva tradizionalmente ai tempi delle peregrinazioni nel deserto.

Kippur

Quattro giorni prima dell'inizio della festa delle Capanne gli ebrei dedicavano un giorno all'espiazione e al digiuno. Al sommo sacerdote, nel giorno del Kippur, venivano portati due giovani capri: uno veniva immolato come sacrificio per il peccato, mentre l'altro (il ''capro espiatorio''), dopo essere stato simbolicamente caricato del peccato d'Israele, veniva condotto e abbandonato nel deserto.

Pentecoste

Presso gli antichi ebrei c'era una festa chiamata ''delle Settimane'' che si celebrava al cinquantesimo giorno dopo la Pasqua: era una festa agricola di riconoscenza per il primo raccolto della stagione. La tradizione giudaica fece della Pentecoste la festa che ricordava la conclusione del patto fra Jhwh e Israele sul monte Sinai.

46 *Gesù giocava con i bambini?*

Quale fosse l'atteggiamento di Gesù nei confronti dei bambini ce lo descrivono i vangeli nei quali leggiamo che i bambini gli correvano incontro per farsi accarezzare, ma gli apostoli li allontanavano, perché pensavano che l'allegria dei ragazzi potesse dare fastidio al Maestro. Gesù, invece, diede una lavata di capo ai suoi discepoli, dicendo loro che si trovava benissimo con i ragazzi. Anzi, voleva stare con loro, accarezzarli, prenderli in braccio, e fu in una di quelle circostanze che proclamò pubblicamente che soltanto chi avrà il cuore puro di un bambino potrà entrare nel regno dei cieli. Non è pertanto difficile immaginare Gesù che scherza e gioca con una frotta di bambini che gli si stringono intorno per fargli festa. Siamo certi che lo farebbe ancora oggi, a dispetto di ogni cordone di vigilanza. Ricordiamo un passo celebre del discorso di Gesù sui bambini, riportato dall'evangelista Matteo (capitolo 18,1-5): «Chiunque diventerà piccolo come questo bambino sarà il più grande nel regno dei cieli. E chi accoglie anche uno solo di questi piccoli in nome mio accoglie me».

47 *Perché Gesù non si sposò?*

La scelta di Gesù di non sposarsi non si può paragonare a quella di molte persone che non si sposano per motivi pratici, per dedicarsi alla scienza, alla politica, alle attività sociali o all'arte. Né Gesù è contro il matrimonio o le donne; partecipa alle nozze di Cana e vi compie il suo primo miracolo; nei vangeli incontra molte donne, credenti e peccatrici, e ha con loro un rapporto tenerissimo. Per capire la rinuncia di Gesù al matrimonio (egli è il modello per tutti coloro che scelgono la vita religiosa) bisogna soffermarsi sull'atto centrale della sua missione: l'annuncio del regno di Dio. Il matrimonio, lo sappiamo, è segno della continuità dell'uomo sulla terra; mentre Gesù, non sposandosi, indica un'altra continuità, il cammino di tutta l'umanità verso Dio.

Parabola

Gesù usa spesso la parabola, un racconto basato sulla similitudine, per farci capire il senso della Storia Sacra oppure gli insegnamenti morali. Per esempio, la parabola del "figlio prodigo" ci parla del pentimento e del perdono, quella del "seminatore" dell'annuncio della parola di Dio e della sua efficacia. E così per le altre parabole.

Scandalo

La parola greca *skándalon* significa pietra, una pietra contro cui si inciampa. Nel vangelo danno scandalo ai bambini coloro che li inducono al male. Nei confronti di costoro il Signore usa parole durissime.

Discepoli

Sono i seguaci di Gesù, sia uomini che donne. L'evangelista Luca nomina un gruppo di settantadue discepoli, oltre ai dodici apostoli; probabilmente però erano più numerosi. Essi partecipano all'insegnamento di Gesù, vanno in missione, accudiscono alle necessità comunitarie. Non hanno la stessa responsabilità degli apostoli ai quali sarà affidata la fondazione della Chiesa. Più tardi i discepoli si identificheranno con tutti i cristiani.

Esseni

Comunità religiosa giudaica (II secolo a.C. - 70 d.C.) i cui membri seguivano una disciplina molto rigorosa.
Il celibato e la comunanza dei beni ne erano i tratti essenziali. Il loro centro era nei pressi del Mar Morto. I vangeli non menzionano mai questa setta, ma era ancora fiorente ai tempi di Gesù.

Il padre lo vide,
gli corse incontro,
lo abbracciò,
e teneramente lo baciò.
(Luca, capitolo 15)

48 *Quale parabola Gesù racconterebbe agli uomini di oggi?*

Tutte le parabole di Gesù sono ancora attualissime, ma ce n'è una che è particolarmente vicina ai sentimenti e alle speranze dell'uomo dei nostri giorni: è la parabola del figlio prodigo. La ricordate? C'era un uomo che aveva due figli, uno "buono", l'altro "cattivo". Quest'ultimo se ne andò di casa sbattendo la porta. Poi un giorno, pentito, tornò alla casa del padre, chiedendo perdono e il padre lo accolse a braccia aperte. L'altro figlio, quello "buono", se la prese un po' a male. Ma Gesù ci ha spiegato che la gioia per il ritorno sulla buona strada di un peccatore pentito non è un torto verso chi è già buono, ma è uno straordinario avvenimento che merita una gran festa. Dio non cancella mai dal suo cuore un figlio e le porte della sua casa sono sempre aperte. Le chiavi che spalancano queste porte sono quelle del pentimento, dell'amore e del perdono.

Talento

La parabola di Gesù sui talenti, usati bene o male, è assai nota. Anche oggi si dice comunemente che uno ha talento quando ha una spiccata qualità innata verso l'arte o qualsiasi altra attività. La parabola di Gesù si riferiva invece a una misura monetaria, il talento, pari al valore di 34 kg d'oro, oggi un vero capitale di oltre mezzo miliardo di lire.

Beatitudini

Sono un celebre discorso di Gesù e prendono il nome dalla prima parola di ogni frase: «Beati». Le beatitudini sono anche chiamate "Discorso della montagna", perché l'evangelista Matteo pone Gesù su una montagna a proclamare la nuova legge, come Mosè aveva fatto sul monte Sinai con le tavole della legge nell'Antico Testamento.

«Beati i poveri in spirito,
perché di essi è il regno dei cieli.
Beati gli afflitti,
perché saranno consolati.
Beati i miti,
perché erediteranno la terra.
Beati quelli che hanno fame e sete
di giustizia,
perché saranno saziati.
Beati i misericordiosi,
perché troveranno misericordia.
Beati i puri di cuore,
perché vedranno Dio.
Beati gli operatori di pace,
perché saranno chiamati figli di Dio.
Beati i perseguitati per causa della
giustizia,
perché di essi è il regno dei cieli».

(Matteo 5,3-10)

PARABOLE DI GESÙ

	MATTEO	MARCO	LUCA
Lucerna sotto il moggio	5,14-15	4,21-22	8,16;11,33
Casa sulla roccia e sulla sabbia	7,24-27	....	6,47-49
Pezza nuova su un vestito vecchio	9,16	2,21	5,36
Vino nuovo in botti vecchie	9,17	2,22	5,37-38
Il seminatore	13,3-8	4,3-8	8,5-8
Granellino di senapa	13,31-32	4,30-32	13,18-19
La zizzania	13,24-30	....	....
Il lievito	13,33	....	13,20-21
Il tesoro nascosto	13,44	....	....
La perla preziosa	13,45-46	....	....
La rete da pesca	13,47-48	....	....
La pecorella smarrita	18,12-13	....	15,4-6
Il servo spietato	18,23-34	....	....
Operai della vigna	20,1-16	....	....
I due figli	21,28-31	....	....
I vignaioli perfidi	21,33-41	12,1-9	20,9-16
Invitati al banchetto, L'uomo senza il vestito nuziale	22,2-14	....	....
Il fico, annunciatore dell'estate	24,32-33	13,28-29	21,29-32
Le dieci vergini	25,1-13	....	....
I talenti (Matteo), Le mine (Luca)	25,14-30	....	19,12-27
Pecore e capri	25,31-36	....	....
La mietitura	....	4,26-29	....
Il creditore e i debitori	....	....	7,41-43
Il buon samaritano	....	....	10,30-37
L'amico nel bisogno	....	....	11,5-8
Il ricco stolto	....	....	12,16-21
I servi vigili	....	....	12,35-40
Il servo fedele	....	....	12,42-48
Il fico sterile	....	....	13,6-9
Posti d'onore al banchetto	....	....	14,7-14
Il grande banchetto e gli invitati riluttanti	....	....	14,16-24
Il costruttore prudente	....	....	14,28-33
La dramma perduta	....	....	15,8-10
Il figlio prodigo	....	....	15,11-32
L'amministratore disonesto	....	....	16,1-8
Il ricco epulone e Lazzaro	....	....	16,19-31
Il padrone e il servo	....	....	17,7-10
La vedova insistente e il giudice ingiusto	....	....	18,2-5
Il fariseo e il pubblicano	....	....	18,10-14

*«Date a Cesare
quel che è di Cesare
e date a Dio
quel che è di Dio».*
(Matteo, capitolo 22)

49 *Che cosa sapeva Gesù dell'impero romano?*

Duemila anni fa l'impero romano era una realtà che Gesù, come tutto il popolo ebraico, non poteva certamente ignorare. E nel vangelo ci sono numerosi riferimenti all'imperatore (Cesare Augusto prima, Tiberio poi), al procuratore romano e ai tributi da pagare a Roma. Al tempo di Gesù, infatti, la Palestina era già da alcuni decenni sotto il dominio di Roma. Conquistata da Pompeo nel 63 a.C., aveva conservato una certa autonomia e nel 37 a.C. era stata affidata al re Erode il Grande. Alla morte di questi, nel 4 a.C., il territorio era stato diviso tra i suoi figli: ad Archelao andarono la Giudea, la Samaria e l'Idumea; ad Erode Antipa la Galilea e la Perea; a Filippo l'Iturea e la Traconitide. Ma Archelao si dimostrò così incapace di governare che nel 6 d.C. i romani lo rimossero; e la Giudea, con la Samaria e l'Idumea, divenne una provincia romana governata da un "prefetto" o "procuratore" mandato da Roma. Ponzio Pilato, che processò e condannò Gesù, era il quinto procuratore della Giudea e rimase in carica dal 26 al 36 d.C.

Cesare

Titolo degli imperatori romani al tempo del Nuovo Testamento. Augusto regnava quando nacque Gesù. Gli successe Tiberio. Pietro e Paolo morirono martiri sotto Nerone. Gesù usò qualche volta questo termine nel senso di "potere di governo".

Tributo

La Bibbia ricorda i tributi che gli ebrei dovettero pagare ai dominatori assiri, persiani e romani. Gesù fu insidiosamente interrogato dai farisei sulla legittimità di questi tributi allo straniero. Gesù disse: «Date a Cesare quello che è di Cesare e a Dio quello che è di Dio».

Centurione

Era il comandante di una centuria romana, cioè di un reparto di cento soldati. La centuria era di solito la sesta parte di una coorte, e dieci coorti formavano la legione, che erano l'unità tattica dell'esercito romano. Nel corso del I secolo a.C. la legione romana comprendeva normalmente seimiladuecento uomini; in seguito, invece, i suoi effettivi furono ridotti a quattro-cinquemila.

Bestemmia

È uno dei peccati più gravi.
È insulto a Dio e al suo nome. Già nell'Antico Testamento era considerata una colpa gravissima per la quale era prevista la pena di morte mediante lapidazione.

Eresia

La parola "eresia" in greco vuol dire "scelta" e indica una dottrina contraria, una scelta in opposizione alla fede della Chiesa, che ha il mandato divino di custodire e interpretare tutto il «deposito della fede» cristiana.

Tradizione

Con il termine "tradizione" si intende, nel cristianesimo, tutta l'esperienza e le conoscenze religiose tramandate oralmente dalla Chiesa primitiva. La tradizione non riguarda solo i racconti, ma anche il modo di pensare e di agire. Per questo la tradizione, documentata e interpretata successivamente negli scritti e nelle opere, è importante per capire i contenuti autentici della nostra fede. Come la Bibbia, anche la tradizione è ispirata da Dio.

Aramaico

Era la lingua comune sotto la dominazione persiana e da quell'epoca veniva abitualmente parlata anche in Palestina dagli ebrei. Ai tempi di Gesù aveva praticamente soppiantato l'ebraico nell'uso quotidiano.

50 *Per i suoi nemici, Gesù chi era?*

Per i farisei, giudici osservanti della legge mosaica, insensibili ai bisogni della povera gente, Gesù era un impostore che si proclamava il Messia, senza esserlo. Per alcuni di loro questo «figlio del falegname» di Nazaret era addirittura un eretico che metteva in discussione la legge di Mosè. Per i sacerdoti del tempio, Gesù era un bestemmiatore, perché aveva osato proclamarsi "figlio di Dio". Per i romani, che occupavano militarmente la Palestina, Gesù era un pericoloso "rivoluzionario", perché si faceva chiamare "re", mentre l'unica autorità allora accettata era quella dell'imperatore di Roma.

Infine Gesù faceva paura, in un'epoca in cui gli uomini erano divisi in uomini liberi e schiavi, perché sosteneva che tutti gli uomini sono figli di Dio e quindi uguali.

51 *Quando lo fece capo degli apostoli, Gesù sapeva che Pietro l'avrebbe rinnegato?*

Pietro è l'apostolo di cui più si parla nei vangeli, quello che godeva di maggior prestigio nella Chiesa primitiva. Il suo vero nome era Simone, era sposato e faceva il pescatore. Fu sempre accanto a Gesù con Giacomo e Giovanni, in prima linea con il suo forte e irruente carattere. Quando Gesù fu catturato, estrasse la spada e mozzò l'orecchio a una guardia. A lui il Signore affidò la Chiesa nascente: «Tu sei Pietro e su questa pietra edificherò la mia Chiesa». Eppure il pescatore di Galilea provò l'umiliazione della paura, quando rinnegò il Maestro davanti a una servetta. Ma quando il gallo cantò per la terza volta, come gli aveva predetto il Signore, egli si rese conto di quello che aveva fatto, si pentì e pianse amaramente. Gesù sapeva. Il pentimento e il perdono purificano definitivamente Pietro, che diventerà il primo vescovo di Roma e martire per il suo Signore, sotto la persecuzione di Nerone nell'anno 65 d.C.

*«Tu sei Pietro
e su questa pietra
edificherò la mia Chiesa».*
(Matteo, capitolo 16)

52 *In quale lingua parlava Gesù?*

Gesù parlava in aramaico, che era la lingua usata in quell'epoca dalla gente comune in Palestina. Certamente conosceva molto bene l'ebraico, la lingua "dotta" degli israeliti, quella in cui sono stati scritti quasi tutti i libri dell'Antico Testamento: egli era infatti in grado, già all'età di dodici anni, di discutere con i dottori del tempio citando brani delle sacre Scritture. Ma Gesù doveva conoscere discretamente, almeno quanto bastava per capire e farsi capire, anche il greco e il latino. Il greco era infatti la lingua "internazionale" di allora (un po' come l'inglese di oggi), quella usata ufficialmente in tutta la parte orientale dell'impero romano, specialmente negli scambi commerciali. Il latino era invece la lingua dei romani, che a quel tempo occupavano e governavano la Palestina: si suppone quindi che i colloqui con Ponzio Pilato e con gli altri romani avvenissero in latino.

Midrash

È una parola ebraica che significa "ricerca", "spiegazione", "interpretazione" e sta a indicare gli studi e i commenti sul testo biblico fatti dai giudei a scopo didattico. Questi commenti inizialmente erano soltanto orali; poi, a partire dal II secolo d.C., si cominciò a metterli per iscritto e a riunirli in raccolte. La collezione più antica raggruppa i commenti al libro dell'Esodo.

Pescatore

È l'appellativo con cui viene designato Simone detto Pietro, uno dei dodici apostoli scelti da Gesù. Pietro, come il fratello Andrea e come anche Giacomo e Giovanni, era pescatore di professione, prima che Gesù lo chiamasse per fare di lui un «pescatore di uomini».

Primato di Pietro

Trova fondamento in diversi passi del Nuovo Testamento. Il vangelo di Luca, per esempio, racconta che un giorno Gesù disse a Pietro: «Simone, Simone... io ho pregato per te, perché non venga meno la tua fede. E tu, quando sarai tornato, conferma i tuoi fratelli» (Lc 22,32). Ma ancora più significative sono le parole di Gesù riportate dal vangelo di Matteo: «Tu sei Pietro e su questa pietra edificherò la mia Chiesa... Ti darò le chiavi del regno dei cieli...».

Pretorio

Era la residenza ufficiale dei governatori o procuratori romani nelle varie province dell'impero. Il pretorio, di cui si parla nel vangelo, era l'edificio di Gerusalemme in cui alloggiavano i procuratori romani quando si trasferivano provvisoriamente in quella città lasciando la residenza abituale di Cesarea. Secondo alcuni, Pilato risiedeva nell'ex reggia di Erode; secondo altri nella Torre Antonia, dove si trovava il presidio militare.

Pagani

Per i cristiani e gli israeliti erano pagani i seguaci della religione greca e romana. *Paganus* in latino significa abitante della campagna. In senso religioso i pagani erano chiamati anche "gentili" (*gentes*, popoli stranieri). A loro si rivolse nella predicazione l'apostolo Paolo, che per questo si meritò l'appellativo di "apostolo dei gentili".

Samaritani

Sono gli abitanti della città e dei dintorni di Samaria, a una cinquantina di chilometri a nord di Gerusalemme. Poiché all'epoca delle deportazioni nella regione si stanziarono gruppi di persone provenienti da altri paesi, i samaritani erano il risultato di una notevole confusione etnica e religiosa. Di qui il rapporto di reciproca diffidenza e inimicizia con i giudei.

Mercanti

In Palestina c'era un continuo andirivieni di persone d'ogni nazionalità che si dedicavano al commercio. Si suppone che molte di queste persone abbiano avuto occasione di ascoltare la predicazione di Gesù e poi degli apostoli, contribuendo così con i loro spostamenti a diffondere le notizie dei fatti che avvenivano in Palestina.

Buon ladrone

Con Gesù furono crocifissi anche due malfattori: uno a destra e l'altro a sinistra. Uno di questi si unì al coro degli scherni rivolti a Gesù dai soldati e dai giudei. L'altro invece, quello che abitualmente chiamiamo "il buon ladrone", rimproverò il compagno e poi aggiunse: «Gesù, ricordati di me quando verrai nel tuo regno». E Gesù gli rispose: «In verità ti dico: oggi sarai con me in paradiso».

53 *Gesù ha predicato soltanto agli ebrei?*

Il vangelo parla sovente del passaggio di Gesù per territori abitati da popolazioni pagane (come Tiro, Sidone, la Decapoli) e per la Samaria, dove viveva una popolazione composta da discendenti di israeliti e da coloni insediati dagli assiri e caratterizzata da una mescolanza di culti. Nella sua predicazione Gesù in primo luogo si rivolge alle «pecore perdute di Israele», al popolo eletto da Dio per realizzare il suo piano di salvezza; ma poi allarga la sua attività anche agli individui delle altre "nazioni", dicendo apertamente che il requisito essenziale per salvarsi non è l'appartenenza al popolo ebraico, ma l'adesione di fede. Questo programma universale viene attuato anche dagli apostoli, che portano il messaggio evangelico prima di tutto agli israeliti, ma poi lo estendono alle persone di qualsiasi nazionalità, fedeli alla missione ricevuta da Gesù: «Andate per tutto il mondo e predicate il vangelo a ogni creatura».

54 *Perché Gesù non chiamò nessuna donna fra gli apostoli?*

È vero, Gesù non scelse nessuna donna fra i dodici apostoli. Non è una discriminazione di Gesù, come avveniva nella cultura antica, che relegava la donna a servizi umili e secondari. Il maschilismo semmai era una cultura dominante "laica", che dura tutt'oggi e che denuncia la grave ignoranza che c'è intorno alla donna cristiana. Il ruolo della donna, secondo la rivelazione cristiana, è quello di generare la salvezza, come Maria generò Gesù. E non si tratta di una maternità fisica, già affidata dalla natura a ogni donna, ma di una missione essenziale perché la fede venga generata nel mondo. In questo senso gli uomini e le donne nella Chiesa hanno un ruolo di complementarità. Un sacerdote non è superiore a una madre cristiana, né un vescovo è più grande di una fondatrice di istituti religiosi. Gesù, con il battesimo, ha reso tutti ugualmente grandi.

«Chi è senza peccato scagli la prima pietra».
(Giovanni, capitolo 8)

55 *Gli ebrei potevano crocifiggere i condannati a morte?*

La crocifissione era uno dei supplizi correnti del mondo orientale, ma non figurava nella legislazione di Israele. Secondo il diritto ebraico, la pena di morte veniva eseguita in quattro maniere: lapidazione, fuoco, decapitazione e strangolamento. Nella legislazione romana, la crocifissione era riservata per le condanne capitali degli schiavi e dei ribelli nelle province. Ai tempi di Gesù in Palestina comandavano i romani, i quali lasciavano che gli ebrei esercitassero la giustizia secondo il proprio codice. In ogni caso il voto del sinedrio non era sufficiente a rendere esecutiva una pena di morte: l'ultima parola spettava al procuratore romano. Il sinedrio condannò Gesù per aver rinnegato e disprezzato la legge di Mosè, ma per la condanna a morte dovette sollecitare l'autorità romana.

Lapidazione

Antico supplizio con il quale si faceva morire a colpi di pietra il colpevole di empietà, di tradimento e di omicidio.
Presso gli ebrei la legge mosaica condannava alla lapidazione gli idolatri, gli adulteri, i bestemmiatori e i violatori del sabato.

Sinedrio

Era il tribunale supremo degli ebrei, composto da settantuno consiglieri, istituito, sembra, dopo il ritorno dall'esilio babilonese (538 a.C.) allo scopo di custodire la legge e amministrare la giustizia. La sede del sinedrio era a Gerusalemme, in una speciale sala detta delle "pietre tagliate".

Pilato

Governatore romano della Giudea dal 26 al 36 d.C., noto soprattutto per la parte avuta nel processo a Gesù: pur convinto della sua innocenza, non seppe opporsi alle richieste dei giudei e lo fece condannare e crocifiggere.

Maria Maddalena

Cioè Maria di Magdala: è la donna che seguì Gesù dopo essere stata liberata da «sette demoni». Fu la prima persona a vedere Gesù risorto e corse ad annunciarlo agli apostoli.

Tunica

Era l'indumento abituale per uomini e donne presso i romani e altri popoli antichi. Generalmente era fermata alla vita da una cintura. Sopra la tunica poteva poi essere portato un mantello. Anche Gesù ovviamente l'indossava ed essa fu probabilmente la prima delle sue vesti che, dopo la crocifissione, i soldati si spartirono «tirandola a sorte».

Sommo sacerdote

Era il capo della gerarchia sacerdotale ebraica. Il primo fu Aronne, fratello di Mosè, che ebbe come successore il figlio Eleazar. Inizialmente il sommo sacerdote offriva il sacrificio quotidiano, compiva le cerimonie dell'espiazione e assicurava la sorveglianza del tempio. Ma con la scomparsa della monarchia assunse a poco a poco alcune delle funzioni riservate ai re, diventando così il capo della nazione, come al tempo dei Maccabei. Al tempo di Gesù erano le autorità civili che nominavano e destituivano i sommi sacerdoti.

Trenta monete

Giuda si offrì di consegnare Gesù ai sommi sacerdoti in cambio di «trenta monete d'argento». Si trattava probabilmente di sicli ebraici. Poiché un siclo equivaleva a circa quattro denari d'argento romani, trenta sicli corrispondevano a centoventi denari. Sappiamo che un denaro romano costituiva il salario giornaliero di un operaio e quindi possiamo dire che la somma ottenuta da Giuda per il tradimento non era insignificante, ma neppure molto elevata: rappresentava quattro mesi di salario, cioè cinque o sei milioni di lire di oggi.

56 *Giuda Iscariota si pentì dopo aver venduto il Maestro?*

Di Giuda, il traditore, i vangeli non parlano molto. Sappiamo che era figlio di un certo Simone e che nella piccola comunità degli apostoli faceva il cassiere. Giovanni riferisce che non era molto onesto. Giovanni racconta anche che Giuda biasimò Maria di Betania per lo spreco di olio prezioso col quale aveva unto i piedi di Gesù. Nelle liste degli apostoli si trova sempre in coda ed è accompagnato sempre dalla frase: «Quello che lo tradì». Per un compenso di trenta monete d'argento vendette Gesù ai sacerdoti di Gerusalemme. Si è pentito? Chissà quale tormento è passato nel cuore di quell'uomo! Si sa che Giuda fu colto dal rimorso, che corse a restituire le trenta monete, che gridò ai quattro venti l'innocenza di Gesù. Ma il rimorso non lo condusse al ravvedimento né alla fede bensì alla disperazione e al suicidio, giustificando così la terribile profezia di Gesù: «Sarebbe stato meglio se non fosse mai nato» (Matteo 26,24).

57 *Chi rimase accanto a Gesù sino alla fine?*

C'erano le pie donne: Maria, la mamma di Gesù; la madre di Giovanni, Salome; la madre di Giacomo "il minore", che si chiamava anche lei Maria; c'era Maria Maddalena... C'erano dei passanti occasionali che sfidavano Gesù a salvarsi. Gridavano: «Salva te stesso e ti crederemo». Anche i rappresentanti del sinedrio lo deridevano e lo schernivano: «Se è il Messia lo dimostri, salvandosi dalla croce; se è il Figlio di Dio, chieda al Padre di liberarlo...». E poi c'erano quei soldati che si giocavano ai dadi la tunica di Gesù. I vangeli si soffermano soprattutto sulla significativa presenza delle donne. Ed è anche questo un segno: pone fine alla tradizionale segregazione della donna, inaugura la sua "presenza" in forma attiva, a pieno titolo, nell'umanità riscattata. In definitiva rimasero accanto a Gesù, fino in fondo, quelli che credevano in lui, il Figlio di Dio.

Gesù esclamò: «Tutto è compiuto», e, chinato il capo, rese lo spirito.
(Giovanni, capitolo 19)

58 *Gesù è morto in croce, ma Dio può morire?*

Tutti sappiamo che Dio non può morire. La morte fa parte della storia degli esseri viventi, che hanno avuto un inizio, ma non appartiene a Dio che è sempre stato. Chi morì realmente sulla croce fu l'uomo Gesù, ma la sua divinità non ne soffrì. L'evento fu tanto più straordinario quando si pensa che Gesù scelse di morire liberamente. «Nessuno mi toglie la vita, sono io che la dono. Io ho il potere di darla e di riprenderla», dice nel vangelo di Giovanni. La morte di Gesù, così atroce e umiliante, ha dunque uno scopo: sostituirsi a tutte le sofferenze dell'umanità, assumere su di sé tutti i peccati del mondo, e presentarsi come offerta sacrificale a Dio. Questo sacrificio, gradito al Padre, genererà la risurrezione.

Simboli cristiani

Il principale simbolo cristiano è la croce, strumento del supplizio di Gesù e quindi segno della redenzione da lui realizzata. Altri simboli ricorrenti già nei primi tempi del cristianesimo sono l'agnello, il buon pastore, la lucerna (due figure simboliche tratte dalle parabole), il pesce (perché il suo nome in greco, *ichtús*, è formato dalle iniziali dell'espressione «Gesù Cristo Figlio di Dio Salvatore») e il segno formato dalle prime due lettere del nome di Cristo in greco (ΧΡΙΣΤΟΣ).

Calvario

Calvarium è la traduzione latina della parola aramaica *Golgotha*, che significa "luogo del cranio". Con questo nome è indicata l'altura poco fuori Gerusalemme sulla quale venne condotto Gesù per la crocifissione. Su quel luogo, nel 326, l'imperatore Costantino fece costruire una basilica.

J.N.R.J.

È la sigla che appare sovente sui crocifissi ed è formata dalle iniziali dell'espressione latina *Jesus Nazarenus Rex Judaeorum* (Gesù il Nazareno, re dei Giudei). Il vangelo di Giovanni racconta infatti che sulla croce di Gesù fu posto, per ordine di Pilato, un cartello con quelle parole, scritte in tre lingue diverse: in ebraico, in latino e in greco.

59 *Cristo è risorto dopo tre giorni, ma può un uomo risorgere?*

Nessun uomo è in grado, da solo, di risorgere. La morte è la triste e inevitabile conclusione di ogni vita sulla terra. Ma Dio, che semina la vita e la morte, può risuscitare anche i morti. Ed è ancora lui che ha creato l'anima immortale che ogni uomo possiede. In realtà noi siamo certi che nessun uomo muore in maniera definitiva quando il suo cuore cessa di battere e i suoi occhi si chiudono.

La ragione di tutto ciò ci è stata rivelata dalla risurrezione di Cristo, anticipata da Gesù stesso che aveva operato dei "segni" straordinari quando aveva risuscitato la figlia di Giairo, il capo della sinagoga, il figlio della vedova di Nain e l'amico Lazzaro.
È quanto san Paolo, con altre parole, dice scrivendo ai cristiani di Roma: «Colui che risuscitò da morte Cristo Gesù, darà la vita anche ai vostri corpi mortali» (capitoli 6 e 8).

60 *La sindone è il vero ritratto di Cristo?*

Tutti gli evangelisti parlano di una sindone, un lenzuolo, in cui fu avvolto il corpo di Gesù dopo la crocifissione. Secondo l'usanza, i defunti erano cosparsi di unguenti e spezie, avvolti in tende e ricoperti con un lenzuolo, prima di essere sepolti in tombe scavate nella roccia e chiuse con una grande pietra rotonda che scorreva su una scanalatura.
La tradizione indica nella sindone, conservata nel duomo di Torino dal 1578, il lenzuolo che avvolse il corpo di Gesù. Il panno conserva una sorprendente immagine, al negativo, di un uomo dell'età presumibile di 40 anni. Avanzate ricerche scientifiche testimoniano l'antichità del lenzuolo e la sua origine orientale. Tuttavia l'interrogativo rimane: è o non è il ritratto di Gesù? Gli esperti e le autorità della Chiesa, pur rispettando la sacra tradizione, non si sono mai pronunciati in modo definitivo.

Risurrezione

È lo straordinario evento accaduto a Gesù, tornato a nuova vita, dopo tre giorni dalla sua morte. Risurrezione non è sinonimo di rianimazione, il processo cioè che riattiva un flusso vitale interrotto. La risurrezione è una condizione di vita totalmente nuova, sia dell'anima e sia del corpo, diversa dalla vita terrena precedente. Secondo la nostra fede anche noi cristiani risorgeremo alla fine del mondo, grazie alla risurrezione di Cristo. Una prima esperienza della "vita di risurrezione" noi la realizziamo già qui sulla terra con la vita di grazia interiore, opposta allo stato di peccato.

Getsemani

Località di Gerusalemme, al di là del torrente Cedron, ai piedi del monte degli Ulivi, ove Gesù fu catturato dalle guardie del sinedrio.

Misteri del Rosario

Gaudiosi
1. L'angelo annunzia a Maria che diventerà madre di Dio.
2. Maria si reca a visitare la cugina Elisabetta.
3. Gesù nasce nella grotta di Betlemme.
4. Gesù è presentato al tempio.
5. Gesù è smarrito e ritrovato al tempio.

Dolorosi
1. Gesù prega nell'orto degli Ulivi.
2. Gesù è flagellato.
3. Gesù è incoronato di spine.
4. Gesù porta la croce al Calvario.
5. Gesù è crocifisso e muore.

Gloriosi
1. Gesù risorge da morte.
2. Gesù sale al cielo.
3. Lo Spirito Santo discende su Maria Vergine e gli apostoli.
4. Maria è assunta in cielo.
5. Maria è incoronata regina.

«Gesù di Nazareth non è qui poiché è risorto, come aveva detto». (Luca, capitolo 24)

61 *Il popolo di Dio è tutta l'umanità?*

Inizialmente il popolo di Dio è il popolo d'Israele, cioè un gruppo di persone che Jhwh ha liberato dalla schiavitù dell'Egitto, donando loro una terra e stringendo con loro un'alleanza: «Io sarò il vostro Dio e voi sarete il mio popolo». Israele diventa quindi il popolo consacrato a Dio, sua "proprietà" tra tutti i popoli. Ma per rimanere tale deve sempre essere fedele all'alleanza, tenendosi lontano dai culti idolatrici delle altre popolazioni.

Con la venuta di Gesù Cristo il concetto di popolo di Dio si allarga per comprendere tutti coloro che credono in Gesù. San Paolo dice chiaramente che i cristiani sono l'Israele di Dio, in cui si realizzano le promesse profetiche.

Per appartenere al nuovo popolo di Dio, cioè alla Chiesa, non conta l'ascendenza ebraica, ma la fede in Gesù Cristo; può dunque farne parte chiunque accoglie il dono gratuito della salvezza destinata a chi crede, sia esso ebreo o di altra nazionalità.

Storia della salvezza

Storia della salvezza non è il ricordo del passato in cui sono avvenuti fatti straordinari operati da Dio, ma la narrazione di ciò che Dio ha fatto, fa, e continuerà a fare per la salvezza dell'uomo. Essa comprende la storia d'Israele dalla creazione, la storia di Gesù e della Chiesa. Due i protagonisti sempre presenti: Dio e l'uomo.

Colonizzazione

Per molti secoli, gli Stati europei (Spagna, Portogallo, Inghilterra, Francia, Olanda) hanno sviluppato una politica di conquista: territori di altri continenti venivano spogliati delle loro ricchezze e popoli ridotti in schiavitù. Al seguito dei colonizzatori c'erano i missionari che, in alcuni casi, imponevano la fede cristiana con gli stessi metodi della conquista. Ancora oggi in alcune parti del mondo c'è diffidenza verso i missionari, che sono visti come "colonizzatori".

Paradiso

Letteralmente vuol dire "giardino". Nella Genesi serve a indicare il luogo dove Dio collocò Adamo ed Eva. Nella tradizione cristiana quel luogo è chiamato "paradiso terrestre", per distinguerlo dal "paradiso celeste" che è il luogo in cui i giusti, dopo la loro morte, godono di una felicità perenne. Ma in realtà nel Nuovo Testamento per paradiso si intende, più che un luogo, la felicità di partecipare alla stessa vita di Dio Padre.

Natura umana e divina

La natura umana definisce che cos'è l'uomo: un essere vivente e mortale, composto di anima e corpo, intelligente, capace di amare e di essere libero. La natura divina definisce che cos'è Dio: l'essere che è sempre stato, è e sarà infinito e perfetto, creatore di ogni cosa, e capace di dominare tutte le leggi naturali del creato. Gesù possedeva due nature, quella divina e quella umana, riunite in una sola persona.

Trinità

È il Dio dei cristiani, unico in tre persone: Padre, Figlio e Spirito Santo. La rivelazione di questo Dio ci è venuta da Gesù. Per comprendere la distinzione delle tre persone divine possiamo dire che al Padre si attribuisce la creazione, al Figlio la redenzione, allo Spirito Santo la santificazione. La Santissima Trinità, rivelandosi, si mostra strettamente legata alla storia del mondo (creazione) e dell'uomo (santificazione).

Monoteismo

È la religione che adora un unico Dio (*monos*, in greco). Sono religioni monoteistiche: il cristianesimo, l'ebraismo, l'islamismo. Il monoteismo si contrappone alle religioni antiche che erano politeistiche (più dèi), come la religione dei greci e dei romani.

Asia

Questo nome indica oggi il più vasto dei continenti del nostro pianeta. Al tempo di Gesù, invece, designava una delle province dell'impero romano, quella che aveva per capoluogo Efeso e che occupava soltanto la parte occidentale dell'odierna Turchia.

Siria

Nell'Antico Testamento indica il territorio degli aramei (e in seguito dei siriani) che aveva per capitale Damasco. Nel Nuovo Testamento, invece, si chiama Siria una delle province in cui è diviso l'impero romano: essa comprende anche la Giudea e gli altri territori vicini e ha per capitale Antiochia.

62 *Come apparve lo Spirito Santo agli apostoli?*

Non fu un'apparizione, lo Spirito Santo li conquistò totalmente. Gli apostoli si trovavano a Gerusalemme, stavano pregando con Maria, la madre di Gesù, ed era la festa giudaica di Pentecoste (parola greca che vuol dire "cinquantesimo giorno"). Per l'occasione c'erano molti stranieri in città, erano venuti a celebrare la mietitura del grano e il ricordo della legge ricevuta da Mosè sul Sinai, festa appunto che si celebrava cinquanta giorni dopo la Pasqua.

L'evangelista Luca, descrivendo la discesa dello Spirito Santo (Atti degli apostoli, capitolo 2), usa le stesse immagini bibliche della storia di Mosè che indicano la presenza di Dio: il vento impetuoso e il fuoco, sotto forma di lingue. Con la venuta dello Spirito, promesso da Gesù, la vita e le parole del Maestro apparvero agli apostoli in tutta la loro chiarezza. Uscirono a predicare e tutti, anche gli stranieri, capirono la loro parola, il messaggio universale di Cristo.

63 *Quali nazioni si convertirono per prime al cristianesimo?*

Gli apostoli portarono il messaggio evangelico dapprima al popolo ebraico e poi via via alle altre popolazioni. Il libro degli Atti degli apostoli racconta appunto che essi predicarono innanzitutto a Gerusalemme, ma poi arrivarono in Samaria, in Fenicia, a Cipro, a Damasco, ad Antiochia di Siria. Fu anzi proprio in quest'ultima città che i seguaci di Gesù Cristo vennero chiamati per la prima volta "cristiani": un appellativo coniato dai pagani. Inizialmente, infatti, i credenti si chiamavano tra loro con altri nomi: fratelli, santi, discepoli, membri della Chiesa. L'evangelizzazione si estese in seguito all'Asia Minore, alla Grecia, all'Italia e raggiunse a poco a poco tutti i territori dell'impero romano e del mondo allora conosciuto. Il più dinamico nel diffondere il vangelo fu senza dubbio san Paolo, definito l'"apostolo delle genti" proprio per la sua instancabile opera di predicazione in tutto il bacino del Mediterraneo.

Pietro disse a Simone, il mago: «Alla malora tu e il tuo denaro perché hai creduto che il dono di Dio si potesse comprare». (Atti degli apostoli, capitolo 8)

64 *Chi dà il potere di fare i miracoli?*

La parola "miracolo" indica una "cosa meravigliosa", un "prodigio", con il valore però di "segno", di manifestazione della potenza e della presenza amica di Dio. Gesù compie molti miracoli nel corso della sua vita pubblica e anche agli apostoli viene concesso il potere di compierli nel nome di Gesù Cristo. Ma si tratta di un potere che essi ricevono solo quando su di loro viene in tutta la sua pienezza lo Spirito Santo.

È questo Spirito che dà loro la forza di predicare il vangelo e che li riempie di sapienza e di fede, di coraggio e di gioia. La sua presenza si manifesta anche con fenomeni esteriori, come appunto i miracoli, le profezie, il dono delle lingue. Gli apostoli hanno anche il potere di comunicare lo Spirito a chi crede, mediante l'imposizione delle mani; ma si tratta di un dono di Dio, che non si può comperare con il denaro, come invece pensava di poter fare il mago Simone.

Carisma

Il carisma è un dono spirituale: deriva dallo Spirito Santo, ed è la capacità di operare bene a favore della comunità ecclesiale.
I carismi sono diversi: la sapienza, la scienza, la profezia, il discernimento degli spiriti, e altri, che nella Chiesa primitiva avevano manifestazioni straordinarie, come il dono delle lingue. Oggi la Chiesa è in attenta ricerca di nuovi carismi, scrutando i segni dei tempi, per esprimere la carità di Cristo agli uomini contemporanei (ai poveri, ai malati, agli oppressi da nuove criminalità).

Simonia

È il peccato in cui incorre chi commercia in beni spirituali (indulgenze, assoluzione dei peccati, ordinazioni sacre). La parola deriva da Simon Mago, un samaritano contemporaneo degli apostoli, celebre per i suoi sortilegi. Voleva comprare da Pietro il potere di comunicare i doni dello Spirito Santo.

Doni dello Spirito Santo

1. Sapienza
2. Intelletto
3. Consiglio
4. Fortezza
5. Scienza
6. Pietà
7. Timor di Dio

Cristiano

È chiamato così il seguace di Cristo, chi crede in lui. La parola è usata per la prima volta ad Antiochia di Siria e sono probabilmente i pagani a coniarla, per distinguere i seguaci di Gesù dai giudei. Forse all'origine il termine ha un'intonazione di disprezzo, ma ben presto viene adottato dagli stessi cristiani, che proclamano con fierezza davanti ai loro persecutori: *Christianus sum* («Sono cristiano»).

65 *Qual è la Chiesa più antica?*

È quella di Gerusalemme. Occorre notare comunque che la parola Chiesa indica in questo caso non l'edificio sacro, il luogo di culto, ma l'assemblea, la comunità dei credenti. È a Gerusalemme che Pietro e gli altri apostoli iniziarono la predicazione, radunando subito intorno a sé «quasi tremila persone», come si legge negli Atti degli apostoli. Tutti quei credenti vivevano praticamente in comunità: ognuno di essi aveva venduto i propri beni e aveva messo il ricavato a disposizione di tutti, a seconda delle necessità.

A Gerusalemme si svolse anche, verso l'anno 49, quello che può essere considerato il primo concilio della Chiesa. Il problema da risolvere era se i fedeli non ebrei dovevano, prima di essere ammessi nella Chiesa, sottoporsi alla circoncisione e all'osservanza della legge di Mosè. L'assemblea degli apostoli e degli "anziani" decise che per diventare cristiani non occorreva passare attraverso le osservanze ebraiche.

66 *Perché Roma diventò il centro del cristianesimo?*

Roma era la capitale dell'impero romano, che con la sua unità politica e linguistica favorì la diffusione del cristianesimo. Roma era quindi la città più indicata per diventare il punto di riferimento di tutte le comunità cristiane sparse per il mondo.

Ma tutto questo non sarebbe bastato a farne il centro del cristianesimo, se a Roma non fosse arrivato Pietro, il "principe degli apostoli". Non si conosce la data del suo arrivo, ma è certo che Pietro trascorse a Roma gli ultimi anni della sua vita e lì subì il martirio durante la persecuzione di Nerone. Roma divenne quindi la sede del capo degli apostoli e il suo ruolo "centrale" nella cristianità è rimasto intatto nel corso dei secoli, perché i successori di Pietro sono sempre rimasti nella "città eterna" (tranne alcuni decenni nel XIV secolo). Il primato di Pietro e dei suoi successori (i papi) è chiaramente espresso nel vangelo, allorché Gesù dice: «Tu sei Pietro e su questa pietra edificherò la mia Chiesa...».

Cenacolo

La parola deriva dal latino *coenaculum* e significa "sala da pranzo". Nel vangelo è la «grande sala al piano superiore» in cui Gesù si riunì con i discepoli per la cena pasquale, l'ultima cena. Nella stessa sala i discepoli si riunirono dopo l'ascensione e lì ricevettero lo Spirito Santo. Sull'esempio di Gesù e degli apostoli, i primi cristiani si riunivano sovente proprio nei cenacoli per celebrare il «giorno del Signore» e l'eucaristia.

Alessandria

Nome di molte città. La più famosa fu senz'altro Alessandria d'Egitto, fondata da Alessandro Magno nel 331 a.C. e divenuta in breve tempo la capitale culturale ed economica del mondo ellenistico. Ospitò sin dall'inizio un gran numero di giudei e qui, tra il III e il II secolo a.C., fu fatta la traduzione dell'Antico Testamento in greco. In seguito ebbe anche la maggiore comunità cristiana dell'impero romano.

Successori di Pietro

Sono i vescovi di Roma che hanno ereditato da Pietro il primato di guidare la Chiesa nel mondo, mantenendola fedele agli insegnamenti di Gesù e degli apostoli. I papi — così si chiamano i successori di Pietro — sono stati finora duecentosessantuno. Giovanni Paolo II è stato eletto il 16 ottobre 1978.

Bisanzio

Era un'antica città sulla costa tracia del Bosforo. Nel 323 fu scelta dall'imperatore Costantino come sua residenza e nel 330, col nuovo nome di Costantinopoli, divenne la capitale dell'impero romano. Al suo nome è legato anche lo scisma (la separazione) che nel 1054 portò il patriarca di Costantinopoli a ribellarsi all'autorità del papa di Roma. Dallo scisma d'Oriente nacque la Chiesa greco-ortodossa.

LE PRIME CHIESE CRISTIANE
Antiochia
Gerusalemme
Pafo
Alessandria
Efeso
Filippi
Tessalonica
Atene
Roma
Cartagine

LE LETTERE DEL NUOVO TESTAMENTO

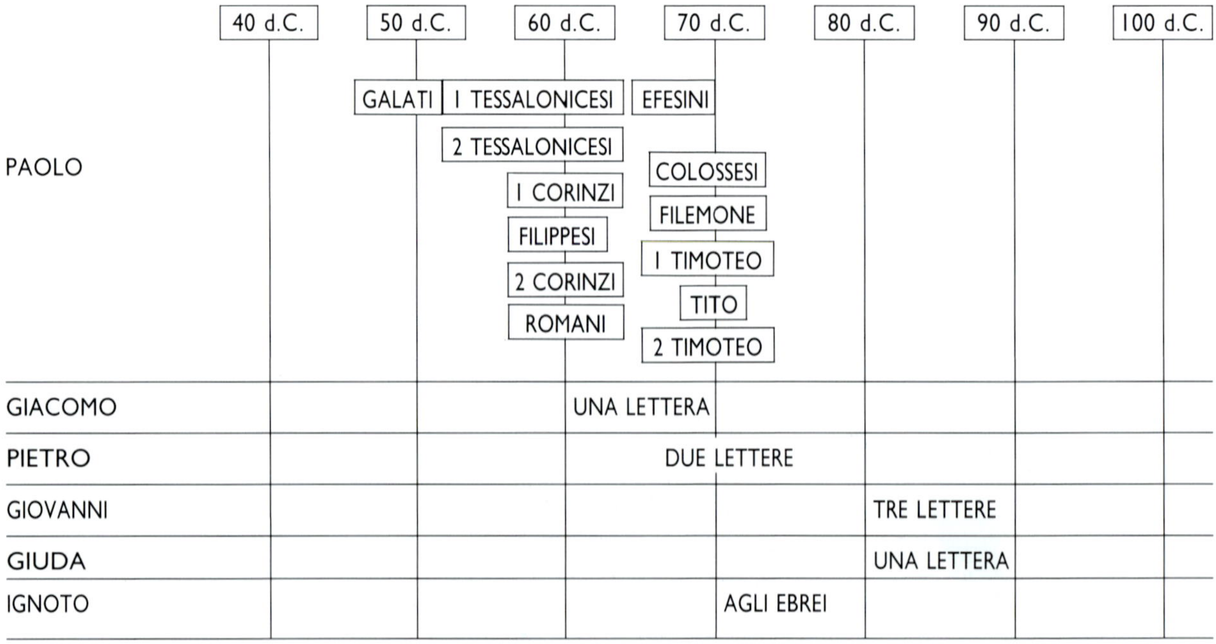

Molte di queste date non sono sicure, ma derivano dalle congetture degli studiosi

Parusia

La parola vuol dire "arrivo", e anticamente si riferiva alla visita ufficiale di un sovrano. Nel vangelo indica la seconda venuta di Gesù alla fine del mondo.

Maranatha

Questa parola aramaica conclude la Bibbia, cioè il libro dell'Apocalisse. Vuol dire: «Signore nostro, vieni!», e si riferisce alla parusia di Gesù (seconda venuta alla fine dei tempi). L'invocazione "Maranatha" veniva usata anche nella celebrazione della messa per indicare la presenza eucaristica del Signore.

67 *Come sono morti i dodici apostoli?*

Non ci sono notizie sicure. Per ogni apostolo esistono antiche tradizioni.

Solo Giovanni sarebbe morto centenario nell'isola di Patmos. Tutti gli altri sarebbero morti martiri.

Il primo è stato Giacomo il Maggiore, fratello di Giovanni (storicamente accertato): è stato ucciso a Gerusalemme nell'anno 43.

Pietro è stato crocifisso con la testa in giù a Roma. Andrea è morto a Patrasso (Grecia) su una croce a forma di X (chiamata oggi "croce di sant'Andrea"). Bartolomeo è stato scorticato e poi crocifisso in Armenia.

Tommaso è stato martirizzato in India a colpi di lancia.

Giacomo il Minore è stato lapidato a Gerusalemme.

Simone avrebbe subito il martirio in tarda età.

Matteo, l'evangelista, pare sia stato pugnalato in Etiopia.

Giuda Taddeo è stato ucciso a Beirut.

Filippo è stato crocifisso a testa in giù come Pietro.

Mattia, l'apostolo che prese il posto di Giuda il traditore, sembra sia stato lapidato, mentre Paolo, l'apostolo dei gentili, è stato decapitato a Roma.

LE LETTERE FURONO INDIRIZZATE A:

INDIVIDUI - Timoteo, Tito, Filemone, Gaio (terza lettera di Giovanni)

CHIESE SINGOLE - Roma, Corinto, Filippi, Colossi, Tessalonica

GRUPPI DI CHIESE - Galazia, regione di Efeso, Asia Minore

ALTRI GRUPPI - Ebrei

San Paolo in carcere a Roma.

Opere di misericordia

corporali

1. Dar da mangiare agli affamati.
2. Dar da bere agli assetati.
3. Vestire gli ignudi.
4. Alloggiare i pellegrini.
5. Visitare gli infermi.
6. Visitare i carcerati.
7. Seppellire i morti.

spirituali

1. Consigliare i dubbiosi.
2. Istruire gli ignoranti.
3. Ammonire i peccatori.
4. Consolare gli afflitti.
5. Perdonare le offese.
6. Sopportare pazientemente le persone moleste.
7. Pregare Dio per i vivi e i morti.

Lourdes

In questa piccola cittadina ai piedi dei Pirenei francesi, nel 1858 la Madonna apparve a una ragazzina, Bernadette Soubirous. Da allora, Lourdes è diventata, con il santuario e le acque miracolose, meta di migliaia di pellegrinaggi. Molte sono le guarigioni miracolose comprovate da meticolosi attestati medici e scientifici. Ma il miracolo più grande è quello dell'amore che unisce ammalati e volontari, accomunati in un pellegrinaggio di autentica fede.

Cottolengo

Giuseppe Benedetto Cottolengo era un umile sacerdote, nato a Bra (Cuneo) nel 1786 e morto a Chieri (Torino) nel 1842. Nel 1832 fondò a Torino la Piccola Casa della Divina Provvidenza, un istituto che ancora oggi ospita e assiste malati inguaribili, spesso abbandonati da tutti, realizzando così in concreto l'insegnamento di Gesù che ci invita a voler bene soprattutto agli "ultimi", a coloro che soffrono di più.

68 *Quando verrà di nuovo Gesù sulla terra?*

L'attesa della venuta di Gesù Cristo per la seconda volta nel mondo era molto avvertita nella Chiesa primitiva. Si immaginava la fine del mondo così vicina che alcuni cristiani smisero addirittura di lavorare. San Paolo li rimproverò per questo. Molti comunque attendevano la venuta improvvisa del Figlio dell'uomo (così il profeta Daniele chiama il Messia), che sarebbe apparso sulle nubi accompagnato dagli angeli per il giudizio universale. In realtà l'*ora* in cui il Figlio dell'uomo ritornerà è conosciuta solo al Padre, dice Gesù nei vangeli di Matteo e Marco.

Né il cristiano vive con angoscia, come se avesse sopra di sé la spada di Damocle, la fine della storia. Per il credente l'incontro definitivo con il Signore è il completamento della sua rivelazione, la gioia di vivere eternamente felici con lui.

69 *Gesù può apparire oggi in mezzo a noi?*

Segretamente ognuno di noi, almeno una volta nella vita, ha desiderato di poter assistere a un'apparizione divina, vedere Gesù in volto, sentirne la voce, toccare la sua persona. Sarebbe bellissimo, cambierebbe la nostra vita, potremmo chiedergli tantissime cose buone...

Eppure questa nostra esperienza potrebbe cadere nel vuoto, se gli occhi del nostro cuore non sono abituati a vedere Cristo presente in mezzo a noi, ogni giorno, nei fratelli. Accadde ai discepoli di Emmaus che non solo non riconobbero il Maestro risorto, pur avendo comunicato con lui per sette miglia. Non lo riconobbero i discepoli sulla riva del lago di Tiberiade quando chiese loro da mangiare. «Beati coloro che hanno creduto senza vedere», disse il Signore all'incredulo Tommaso. E nel giudizio finale a coloro che diranno: «Quando ti abbiamo visto, Signore?», il Figlio dell'uomo risponderà: «Tutto quello che avete fatto a uno dei più piccoli dei miei fratelli l'avete fatto a me». Gesù dunque appare ogni giorno: noi, invece, siamo spesso dei veggenti mancati.

«Non temete dinanzi a coloro che uccidono il corpo, ma non possono uccidere l'anima».
(Matteo, capitolo 10)

70 *Chi dava tanto coraggio ai primi cristiani?*

La parola ''martire'' in greco antico vuol dire ''testimone'', e si usava nei tribunali per indicare le persone che confermavano o smentivano davanti al giudice la veridicità delle accuse rivolte all'imputato. I cristiani hanno usato questo termine per coloro che venivano uccisi a causa della loro fede.

Il primo martire della Chiesa fu il diacono Stefano, lapidato da alcuni giudei fanatici. Della sua testimonianza raccontano molto bene gli Atti degli apostoli, che documentano la prima grande persecuzione contro i cristiani a Gerusalemme. Successivamente, a Roma, ci furono dieci grandi persecuzioni, da Nerone a Diocleziano, che fecero migliaia di martiri, i più illustri dei quali furono gli apostoli Pietro e Paolo.

La forza dei martiri è sempre nata dall'amore per Cristo, dalla fede serena e incrollabile di incontrare il Signore nel regno dei cieli, regno di giustizia e di pace. Non a torto è stato detto che il cristianesimo è sempre stato fecondato, ieri e oggi, dal sangue dei martiri.

Colosseo

È una delle più imponenti costruzioni dell'epoca romana. Iniziato da Vespasiano e inaugurato da Tito nell'80, poteva contenere circa cinquantamila spettatori che assistevano ai duelli dei gladiatori, a crudeli lotte tra schiavi e belve feroci. Durante le persecuzioni, migliaia di cristiani furono martirizzati nel corso di ''spettacoli'' cruenti che si svolgevano in questo antico stadio.

Persecuzioni

Le prime persecuzioni dei cristiani ebbero inizio già a Gerusalemme, subito dopo la morte e risurrezione del Cristo. Ma le grandi persecuzioni furono poi quelle iniziate dall'imperatore Nerone e proseguite dai successori, finché, nel 313, con l'editto di Milano, l'imperatore Costantino concesse libertà di religione ai cristiani. In realtà, ancora oggi, in molti paesi, i cristiani vengono ''perseguitati'', emarginati dalla vita sociale, allontanati dagli incarichi pubblici, costretti a professare di nascosto la loro fede.

Catacombe

Erano i cimiteri sotterranei dei primi cristiani e degli ebrei dell'epoca. Si svilupparono soprattutto a Roma, tra il II e il IV secolo d.C., sulle vie consolari (come la via Appia, per esempio). Non erano luoghi per nascondersi dalle persecuzioni, come alcuni hanno creduto, ma luoghi di culto per la presenza dei corpi dei martiri. Le catacombe più famose a Roma sono quelle di San Callisto, Domitilla e Priscilla, San Sebastiano, Sant'Agnese, ricche di decorazioni e tracce di simboli cristiani. Papa Damaso (IV sec.) le restaurò, ma due secoli dopo furono saccheggiate dai goti. Le catacombe caddero definitivamente in abbandono (VI-VII sec.) dopo che furono trasferiti nelle chiese i corpi dei martiri.

Maometto

È il fondatore dell'islamismo. Aveva circa quarant'anni quando alla Mecca, in seguito ad alcune visioni celesti, decise di cambiare profondamente la sua vita. La data dell'inizio dell'islamismo viene fissata nell'anno 622 quando ebbe luogo l'Egira, e cioè il trasferimento di Maometto dalla Mecca alla città di Medina. L'islam è una religione basata sulla fede in un unico Dio, Allah, creatore e giudice supremo del mondo.

Lutero

Martin Lutero (1483-1546) era un religioso tedesco che il 31 ottobre 1517 diede avvio a una ribellione contro il papato e la Chiesa cattolica romana, che, a suo avviso, si era lasciata corrompere e aveva abbandonato la povertà e la semplicità evangeliche. Martin Lutero divenne così il fondatore del protestantesimo.

Marx

Heinrich Karl Marx (1818-1883) era un filosofo tedesco, fondatore del socialismo e padre, insieme a Engels, del comunismo. Al centro delle sue teorie troviamo l'affermazione che l'uomo è tutto e solo materia (materialismo) e che, dunque, Dio non esiste (ateismo). Marx predica la "rivoluzione" per costruire un mondo nuovo, nel quale il "proletariato" (operai e contadini) diventi la classe dominante. Per Marx è da abolire la proprietà privata, e i diritti degli individui devono essere posposti a quelli della collettività.

Libertà religiosa

È uno dei diritti fondamentali di ogni uomo, sancito anche dalla Dichiarazione internazionale dei diritti, che è alla base della costituzione dell'Onu. Tutte le costituzioni dei paesi democratici prevedono che i loro cittadini siano liberi di professare la fede religiosa in cui credono. In alcuni paesi, però, questa libertà religiosa non è ancora pienamente riconosciuta.

71 *Dopo la venuta di Cristo sono nate altre religioni?*

La maggior parte delle religioni ha avuto origine prima della nascita di Gesù Cristo: l'induismo, il buddismo, il giainismo, il taoismo, il confucianesimo, il politeismo degli egiziani, dei babilonesi, dei greci e dei romani e le religioni primitive, dall'animismo allo sciamanesimo.

Anteriore al tempo di Gesù è anche l'ebraismo, su cui si è poi direttamente innestato il cristianesimo e da cui più tardi è in qualche modo derivato anche l'islamismo, che è la religione più importante nata dopo la venuta di Cristo (nel VII secolo).

Dalla stessa Chiesa cattolica si sono staccati in tempi successivi due grandi "rami": nell'XI secolo la Chiesa greco-ortodossa e nel XVI secolo il protestantesimo con le sue numerosissime confessioni (anglicani, luterani, presbiteriani, calvinisti, metodisti, battisti, avventisti...).

72 *Nelle diverse religioni si prega lo stesso Dio?*

Nel 1986, il papa Giovanni Paolo II radunò ad Assisi tutti i capi delle principali religioni del mondo per pregare insieme per la pace. Fu uno straordinario segno di comunione e di fede universale in Dio. Sembrava di udire un'unica voce potente, cosmica, che supplicava il Padre di tutti.

La diversità delle religioni non mette in discussione l'incontro che ogni uomo può avere con Dio, né la rettitudine di chi vive i comandamenti della propria fede. Le differenze sono frutto di storia e cultura diverse, da quella indiana a quella cinese, da quella araba a quella ebraica, da quella africana a quella europea.

La "religione" dei cristiani supera le varie culture e le epoche storiche, perché è una religione "rivelata" da Dio stesso attraverso suo Figlio Gesù. È un dono, non una spada per eliminare i non cristiani. Quando durante i secoli, infatti, il cristianesimo è stato imposto con la forza, i veri "infedeli" non erano i conquistati ma i conquistatori.

«Andate per tutto il mondo e battezzate nel nome del Padre e del Figlio e dello Spirito Santo».
(Matteo, capitolo 28)

73 *Perché i bambini nascono con il peccato originale?*

Nella coscienza dell'uomo c'è un istinto a commettere il male contro il prossimo, e per questo ad allontanarsi da Dio. Ogni essere umano, per una misteriosa condanna, tende a legare le proprie azioni attorno all'egoismo, all'avidità, al potere, alle trasgressioni in genere.

Con la venuta di Gesù questo "peccato originale" non è più una condanna senza appello. Il sacrificio della croce ci ha riconciliati a Dio, il battesimo ripete l'efficacia di quell'atto e ci purifica da quella "macchia", il perdono della confessione ci aiuta a riprendere la marcia quotidiana verso il bene, l'eucaristia ci sostiene nelle nostre debolezze, la confermazione (o cresima) ci rende testimoni della nostra fede, il matrimonio rende l'amore fecondo, il sacerdozio santifica la vita, l'unzione degli infermi ci prepara all'incontro con Dio.

Ecumenismo

È una parola che deriva dal greco (ecumenico = universale) e che viene oggi usata per definire un grande movimento religioso che si propone di avviare un processo di riunificazione delle varie confessioni cristiane. Un grande impulso all'ecumenismo lo ha dato, sotto la spinta di Giovanni XXIII e Paolo VI, il concilio Vaticano II, svoltosi tra il 1962 e il 1965, e al quale furono invitati a partecipare, come osservatori, anche i rappresentanti di altre Chiese (ortodossi, anglicani, protestanti).

Sacramenti

1. Battesimo
2. Cresima o confermazione
3. Eucaristia
4. Riconciliazione
5. Unzione degli infermi
6. Ordinazione
7. Matrimonio

Effatà

Questa parola viene pronunciata dal sacerdote durante il battesimo dei bambini toccando le orecchie e le labbra. Vuol dire "apriti!". Con il battesimo infatti l'anima del credente si apre all'annuncio del vangelo e alla grazia di Dio. È la stessa parola che usò Gesù guarendo un sordomuto.

Esorcismo

Preghiera detta dal sacerdote durante il battesimo, per allontanare Satana in nome di Cristo dal bambino macchiato dal peccato originale. L'esorcismo per gli adulti presuppone che la persona sia indemoniata, posseduta cioè dal diavolo. È un fenomeno citato molte volte nel vangelo, ma oggi raro e di difficile individuazione. Si occupano di ciò i sacerdoti autorizzati dalla Chiesa e particolarmente preparati, che si chiamano esorcisti.

Acqua del battesimo

L'acqua è l'elemento materiale del battesimo, e ha il significato di lavacro dal peccato originale. Il battezzando riceve l'acqua sul capo (battesimo per infusione) oppure viene immerso nel fonte battesimale (battesimo per immersione), mentre il sacerdote recita la formula sacramentale: «Io ti battezzo nel nome del Padre e del Figlio e dello Spirito Santo».

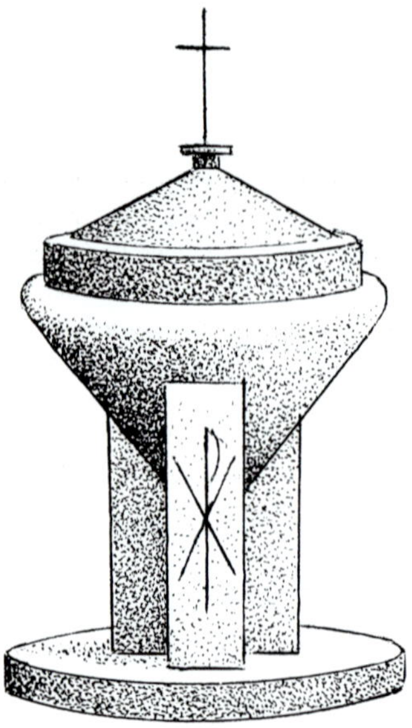

Catecumeni

Venivano chiamati così quelli che, convertitisi al cristianesimo, si preparavano per ricevere il battesimo. Non potevano assistere alla celebrazione eucaristica, ma soltanto alla prima parte della messa, la parte didattica, detta perciò "messa dei catecumeni"

74 *A quale età i primi cristiani ricevevano il battesimo?*

Generalmente il battesimo veniva conferito agli adulti e dopo un periodo di preparazione o catecumenato. I catecumeni (in greco significa "coloro che vengono istruiti") erano gli aspiranti cristiani. La loro preparazione veniva inserita nella stessa liturgia: essi potevano infatti assistere alla prima parte della messa, ma dovevano uscire dopo le letture.

La preparazione durava diverse settimane (di solito il periodo quaresimale) ed era scandita da diversi "esami" e riti. Alla fine i catecumeni potevano recitare il *Credo* e il *Padre nostro* e quindi venivano battezzati (generalmente dal vescovo) per immersione o per infusione. Il battesimo era associato alla confermazione (cresima) e all'eucaristia e si amministrava una sola volta all'anno, nella notte di Pasqua. Nei secoli successivi si impose l'uso di battezzare i neonati.

75 *Con il battesimo si diventa cristiani per sempre?*

Sì, perché il battesimo imprime un "carattere" indelebile. Come un tempo il passaggio attraverso le acque del Mar Rosso aveva unito gli ebrei a Mosè facendoli membri del popolo eletto di Dio, così il passaggio attraverso l'acqua battesimale lega in modo definitivo il credente a Gesù e ne fa un figlio di Dio.

Secondo san Paolo, la discesa nell'acqua e l'uscita dall'acqua sono immagini della morte e della risurrezione di Gesù: col battesimo il credente muore con Cristo e risorge con lui, per vivere inserito in quel corpo di cui Cristo è il capo, cioè nella Chiesa.

Il battesimo, come gli altri sacramenti, è un "segno" della salvezza portata da Gesù, ma contiene e conferisce realmente la grazia. Poiché questa è un dono "gratuito" di Dio, la Chiesa cattolica ammette normalmente al battesimo anche il neonato, purché sia accertata la fede dei genitori e della comunità ecclesiale in cui il bambino è nato e viene educato.

«Fate questo in memoria di me».
(Luca, capitolo 22)

76 *Fra i sette sacramenti, qual è il più importante?*

Tutti e sette i sacramenti sono importanti a iniziare dal battesimo che ci apre le porte della comunità cristiana e senza il quale non avrebbe senso accostarsi agli altri sacramenti. Attenzione però: il vero sacramento, il più importante, è Gesù stesso, Figlio dell'uomo e Figlio di Dio, segno dell'incontro con Dio. Da Cristo discendono infatti tutti i sacramenti.

E fra tutti c'è un sacramento che ci dona la reale presenza di lui, vivo in mezzo a noi: è l'eucaristia, nella quale si ripete ogni giorno, migliaia di volte in tutto il mondo, ovunque ci sia un sacerdote che celebra la messa, la passione e la morte di Gesù, ossia il cuore del mistero cristiano della salvezza. Ogni volta che partecipiamo all'eucaristia e facciamo la comunione siamo misteriosamente ma realmente uniti a Gesù che cammina con noi e ci fa partecipi della sua vita divina, quella che rende anche noi figli di Dio.

Comunione

Comunione non vuol dire soltanto la particola che si riceve durante la messa, ma indica una realtà spirituale molto più ampia. Come i cristiani, mangiando il corpo di Cristo, entrano in "comunione" con lui, così tutti i fedeli comunicando con lui diventano Chiesa. Si chiamano "fratelli separati" quelle Chiese cristiane che non sono in comunione con la Chiesa cattolica, come i protestanti e le Chiese ortodosse orientali. Per superare le cause di divisione è sorto il movimento ecumenico (*ecumenico* vuol dire "universale"), che ha già ottenuto buoni risultati per ritrovare fra i cristiani la "comunione".

Chiesa

È la comunità dei credenti uniti dalla fede in Gesù Cristo e dai medesimi atti di culto (anche l'edificio in cui si celebrano si chiama chiesa). La Chiesa, come istituzione, è composta dalla gerarchia ecclesiastica (papa, vescovi, sacerdoti) e dal popolo dei fedeli. La Chiesa presente in tutto il mondo si chiama Chiesa universale.

Incarnazione

È il mistero che riguarda la persona di Gesù Cristo, che, essendo Figlio di Dio, nacque come uomo dalla Vergine Maria. Egli non prese in prestito un corpo umano, ma diventò «vero uomo nella carne», in tutto uguale a noi, eccetto nel peccato.

Precetti della Chiesa

1. Partecipare alla messa la domenica e le altre feste comandate.
2. Digiunare nei giorni prescritti.
3. Confessarsi almeno una volta l'anno e comunicarsi almeno a Pasqua.
4. Soccorrere alle necessità della Chiesa, contribuendo secondo le leggi o le usanze.
5. Non celebrare solennemente le nozze nei tempi proibiti.

I sacramentali

Si chiamano così le benedizioni e tutti quei riti, o oggetti consacrati, che non sono sacramenti ma si usano nel culto cristiano. Ad esempio: la benedizione delle case, segnarsi con l'acqua benedetta, le processioni, i pellegrinaggi, i funerali religiosi. I sacramentali non sono stati istituiti da Gesù, come i sacramenti, ma producono favori spirituali secondo la fede di chi li pratica. Anche gli esorcismi, cioè gli scongiuri contro le influenze maligne del diavolo, sono sacramentali.

Feste religiose

Oltre alla domenica, esistono alcune grandi feste religiose cristiane riconosciute come feste civili nel nostro paese. Sono le seguenti: Maria Madre di Dio (*1° gennaio*, capodanno, giornata mondiale della pace), Epifania (*6 gennaio*, festa della Befana), San Giuseppe lavoratore (*1° maggio*, festa del lavoro), Madonna Assunta in cielo (*15 agosto*, ferragosto), Tutti i Santi (*1° novembre*), Immacolata Concezione (*8 dicembre*), Natale (*25 dicembre*), Santo Stefano (*26 dicembre*).
Diventano feste civili anche quelle dei santi patroni locali: a Roma, per esempio, il 29 giugno, festa degli apostoli Pietro e Paolo; a Milano il 7 dicembre, festa di Sant'Ambrogio; e così via per ogni città e paese.

Liturgia

La liturgia è l'insieme delle funzioni sacre della Chiesa celebrate dalla comunità dei cristiani (culto). Si distingue dalla preghiera privata, perché i gesti e i segni sono pubblici e significano l'incontro del popolo di Dio con il Signore che salva. L'azione liturgica per eccellenza è la santa messa.

77 *Il 25 dicembre è davvero il giorno della nascita di Gesù?*

Da secoli il Natale viene celebrato il 25 dicembre. Ma non è certo che Gesù sia nato davvero in questo giorno. Anche se alcuni sostengono di sì, avvalorando la loro tesi con queste considerazioni: Gesù sarebbe morto il 25 marzo, dopo essere rimasto al mondo per 33 anni esatti; perciò sarebbe stato annunciato dall'angelo e concepito in Maria, per opera dello Spirito Santo, proprio un 25 marzo, nascendo così il 25 dicembre, cioè esattamente nove mesi dopo.

Una tesi suggestiva, ma non del tutto convincente. È più probabile che per il Natale sia stato scelto il 25 dicembre perché in quel periodo ricorrevano diverse festività pagane: in Egitto si festeggiava il dio Horus, simbolo del Sole nascente; a Roma si celebravano i Saturnali e la ''rinascita'' del Sole. I cristiani preferirono festeggiare il Sole spirituale, cioè Gesù, che, nascendo, aveva ridato luce al destino degli uomini.

78 *Perché la domenica si fa festa?*

La parola ''domenica'' deriva dall'espressione latina *dominica dies*, che significa «giorno del Signore». I cristiani chiamarono così il primo giorno dopo il sabato, cioè il primo giorno della settimana, e lo considerarono festivo perché in esso era risorto Gesù e in esso era poi disceso lo Spirito Santo sugli apostoli.

Inizialmente festeggiavano quel giorno pur continuando ad osservare il sabato ebraico, ma poi si limitarono a celebrare la domenica come unico giorno sacro della settimana. All'inizio del IV secolo, con l'imperatore Costantino, la domenica divenne festa anche dal punto di vista civile. Due secoli più tardi la Chiesa impose ai fedeli l'obbligo di partecipare alla liturgia della domenica. Era d'altronde ormai affermato e radicato tra i cristiani l'uso di celebrare in quel giorno l'eucaristia, di riconciliarsi con le persone con cui avevano avuto litigi e di fare offerte e opere di bene in favore dei bisognosi.

...E prese il pane; lo benedì, lo spezzò, lo diede ai suoi discepoli e disse: «Prendete e mangiatene tutti».
(Matteo, capitolo 26)

79 *All'inizio i cristiani celebravano la messa come noi?*

La messa tra i primi cristiani dovette essere una cerimonia molto semplice e scarna. Veniva chiamata «lo spezzare del pane» e comprendeva sia il pasto consumato fraternamente insieme sia il rito celebrato come ''memoriale'' della morte di Gesù.

Solo più tardi i due atti furono separati e l'eucaristia propriamente detta seguiva il pasto in comune (o *àgape*). Sappiamo da Giustino che nel II secolo la celebrazione eucaristica comprendeva già questi elementi: lettura delle Scritture, omelia del ''presidente'' dell'adunanza (cioè del celebrante), preghiera comune per varie intenzioni, abbraccio e bacio di pace, offerta del pane e del vino, preghiera eucaristica del ''presidente'', distribuzione dei doni consacrati (la comunione) e raccolta di offerte per beneficenza.

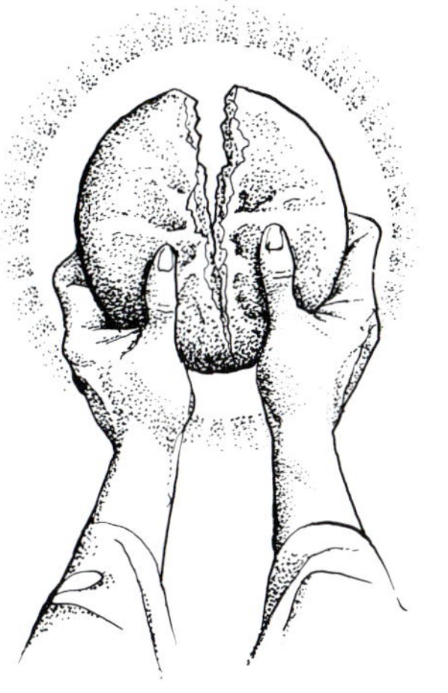

Messa

È il più importante rito religioso dei cristiani, nel quale il sacerdote offre a Dio, sotto le specie del pane e del vino, il corpo e il sangue di Gesù Cristo in ricordo della sua morte in croce. Il nome deriva dal saluto (in latino) con cui il sacerdote congedava i fedeli al termine della celebrazione: «Ite, missa est» («Andate, la messa è finita»), che però è soltanto la prima parte dell'espressione originaria: «Ite, missa est eucharistia ad infirmos» («Andate, l'eucaristia è stata mandata agli ammalati»).

Àgape

Parola di origine greca che significa ''amore'', ''carità''. Così veniva chiamato presso i primi cristiani il convito fraterno, il pasto consumato in comune per esprimere e favorire la solidarietà e la carità reciproche. Nei giorni festivi l'àgape era seguita dalla celebrazione eucaristica.

Anno sabbatico

Antica legge ebraica che prescriveva di non coltivare la terra al settimo anno, per lasciarla riposare come riposava l'uomo al settimo giorno, il sabato. Nell'anno sabbatico, chi era in stato di schiavitù poteva ritornare libero o chiedere il condono di un debito.

Omelia

È la spiegazione della parola di Dio che il sacerdote fa durante la messa. Nella predica, il ministro della liturgia, oltre a spiegare le sacre Scritture, suggerisce ai fedeli i consigli evangelici da applicare nella vita quotidiana.

Corpo mistico

Con l'espressione «corpo mistico di Cristo» si indica la Chiesa, di cui Cristo è il capo. È stato san Paolo per primo a paragonare l'unione dei fedeli a Cristo come le membra con il corpo. Ogni membro è vivo, è diverso, serve a un compito specifico, ma tutti sono una cosa unica nel corpo. È un'immagine molto efficace per indicare l'unità della Chiesa, la sua vitalità soprannaturale, la comunione di tutti i cristiani che conservano il proprio ruolo individuale.

80 *Perché l'anno religioso non coincide con l'anno solare?*

L'anno solare è la misurazione del tempo nata dall'osservazione astronomica, ed è il periodo che la terra impiega nel passare due volte dallo stesso punto nella sua orbita intorno al sole. Coincide con l'*anno civile*.

L'anno civile è organizzato dal *calendario*, che fu concepito in molti modi nell'antichità.

Nell'anno 46 a.C., Giulio Cesare operò la grande riforma che dura tuttora: 365 giorni, 12 mesi, e ogni quattro un anno bisestile (*calendario giuliano*). Più tardi, nel 1582, papa Gregorio XIII apportò alcuni correttivi, sopprimendo dieci giorni in quell'anno (*calendario gregoriano*).

I musulmani e gli ebrei usano un *calendario lunare*, cioè un anno di dodici lunazioni. Per i cristiani invece l'*anno religioso* coincide con l'anno solare, cambia solo il calendario. L'anno religioso, o liturgico, commemora, infatti, i principali misteri della redenzione, e inizia con la prima domenica di Avvento, quattro settimane prima di Natale.

81 *Perché ogni giorno si festeggia un santo?*

Nella tradizione della Chiesa, il giorno della morte di un martire o di un santo si chiama *dies natalis*, giorno di nascita alla vera vita, quella del cielo. Nella comunità cristiana questa certezza è sempre stata motivo di gioia, di festa. Un'antica usanza tra le famiglie cristiane, che in parte dura ancora ai nostri giorni, è quella di dare a ogni bambino che nasce il nome del santo del giorno, come a metterlo sotto la sua protezione. C'è un libro che contiene il calendario di tutti i santi e si chiama *Martirologio*. In esso, giorno per giorno, si raccontano in forma breve la vita del santo e le sue virtù. Il primo martirologio fu scritto nel V sec. d.C., ma successivamente divenne famoso il *Martirologio romano* (XI sec.), che viene sempre aggiornato.

E Gesù disse: «Come il Padre ha mandato me anch'io mando voi: ricevete lo Spirito Santo». (Giovanni, capitolo 20)

82 *Perché ad amministrare la cresima viene il vescovo?*

La cresima, che viene anche chiamata confermazione, è un passo in più, rispetto al battesimo, sulla via della maturità cristiana. Se il battesimo ci fa figli di Dio, la cresima ci fa testimoni di Cristo nel mondo. È il sacramento che segna il passaggio dall'infanzia all'età più adulta non solo fisica, ma soprattutto spirituale. Il momento centrale del sacramento è l'invocazione dello Spirito Santo sul giovane cristiano che viene così confermato nella fede. Una nuova Pentecoste si ripete, come avvenne agli inizi della Chiesa. A coloro che si convertivano e battezzavano, gli apostoli «imponevano le mani»; un gesto che i vescovi rinnovano sui cresimandi. Compete al vescovo, che possiede il grado più alto del sacerdozio di Cristo, compiere un atto così solenne, oppure a un sacerdote da lui appositamente prescelto.

Diacono

È colui che riceve l'ordinazione sacra del diaconato, il primo grado sacramentale per diventare sacerdoti e poi vescovi. Il diacono può amministrare il battesimo, distribuire l'eucaristia, proclamare la parola di Dio ai fedeli, celebrare i matrimoni. Oggi, come pure nell'antichità, il diacono è soprattutto a servizio della liturgia e della carità (*diaconia* in greco vuol dire servizio). Recentemente è stato ristabilito il diaconato permanente (cioè, dopo non si diventa sacerdoti), che può essere conferito anche a uomini sposati.

Parroco

Il parroco (in alcune zone si chiama prevosto, curato) è il sacerdote nominato dal vescovo per la cura pastorale dei fedeli in un territorio circoscritto. Il parroco anima la fede dei cristiani, insegna la dottrina, celebra la messa e amministra i sacramenti. È l'autorità religiosa in tutto il territorio della parrocchia.

Grazia di Dio

È la trasformazione interiore dell'uomo operata dal sacrificio di Cristo, che ha espiato le nostre colpe, ed è una rinnovata amicizia fra Dio e l'uomo, che lo Spirito Santo vivifica continuamente. La grazia di Dio è un dono soprannaturale, opposta allo stato di peccato.

Penitenza

Penitenza è anche il nome che si dà al sacramento della riconciliazione. Anticamente i cristiani facevano penitenza digiunando e pregando. Il sacerdote, oggi, dopo la confessione come penitenza impone quasi sempre una preghiera, e invita il penitente ad accettare gli impegni della vita come il primo e fondamentale atto di sacrificio e penitenza.

83 *Bisogna sempre confessarsi prima di fare la comunione?*

Per accostarsi all'eucaristia occorre essere in ''grazia di Dio'', avere cioè il cuore e l'anima liberi dal peccato. C'è un sacramento, la confessione o riconciliazione, che serve appunto per cancellare i peccati e ridarci la grazia di Dio. Prima di fare la comunione dobbiamo quindi confessarci, soprattutto se abbiamo commesso peccati particolarmente gravi. Quello che conta, nella confessione, sono il pentimento e il perdono. Il primo è un atteggiamento personale, intimo; il secondo ci viene dato con un gesto, quello dell'assoluzione, riservato al sacerdote.

Se ci è impossibile confessarci, per ragioni che non dipendono dalla nostra volontà, possiamo fare la comunione, purché sinceramente pentiti dei nostri peccati e purché ci impegniamo a confessarci non appena possibile.

84 *Faccio sempre gli stessi peccati, ma allora a che vale la confessione?*

Quando ci dissetiamo o mangiamo, noi già sappiamo che poi avremo ancora sete e fame, perché le forze fisiche si esauriscono. Così è per lo spirito. L'uomo è debole, spesso si lascia tentare e ricade negli stessi errori. Succede molte volte nella vita che facciamo delle promesse e poi non riusciamo a mantenerle. Quando ci confessiamo, promettiamo a Dio di non ricadere più nel peccato. In realtà, proprio perché non siamo perfetti, molte promesse finiscono per non essere mantenute. Ma Dio è disposto a perdonarci cento, mille volte, purché il nostro pentimento sia sincero. Con l'atto penitenziale, in altre parole, realizziamo l'invito che Gesù fece all'inizio della sua predicazione: «Convertitevi e credete al vangelo».

Questo Dio amorevole, insistente, conosce tutte le nostre debolezze, e ogni giorno ci indica la via per tornare a lui.

«Affinché conosciate che il Figlio dell'uomo ha il potere sulla terra di rimettere i peccati: Alzati — disse al paralitico — prendi il tuo letto e va' a casa tua».
(Matteo, capitolo 9)

85 *Perché Gesù perdonava senza mai ascoltare i peccati?*

Il perdono che dava Gesù non differisce dal perdono che dà il sacerdote nel sacramento della riconciliazione. Gesù non aveva bisogno di attendere la confessione di qualcuno per conoscerne i peccati e per sapere se il suo pentimento fosse autentico. Poteva perdonare senza ascoltare, perché per lui il cuore di ogni uomo che incontrava era un libro aperto, senza segreti: nessuno poteva ingannarlo o nascondergli qualcosa. Spesso la difficoltà a confessare i nostri peccati al sacerdote nasce dal fatto che lo conosciamo bene come uomo, e c'è come un rifiuto dentro di noi. Tuttavia il mistero della grazia si realizza attraverso l'umanità, santa o peccatrice che sia.

Tentatore

Appare per la prima volta nella Bibbia sotto forma di serpente, che nella cultura orientale era simbolo di fecondità; ed è astuto, intelligente, ma ingannatore. Nei libri sacri sarà più tardi identificato con il diavolo, lo spirito del male, e assumerà anche il nome di Satana (avversario).

Male-peccato

La presenza di tanto male nell'esperienza della vita, malattie, guerre, ingiustizie ci fanno chiedere: Perché Dio, essere infinitamente buono, permette il male? Perché ci sono uomini cattivi? Perché noi tante volte siamo vili, egoisti, ingiusti e commettiamo il peccato? L'imperfezione del mondo, le disgrazie e la cattiveria non trovano risposta nei ragionamenti umani, ma è possibile collocarli solo in una prospettiva di «cieli nuovi e terre nuove» promessi alla nostra fede in Cristo Gesù, che ha sofferto come noi, ma è risorto per tutti noi, e tornerà per rinnovare ogni cosa e dare completezza così all'insondabile piano della bontà divina.

Ostia

È una parola latina che significa "vittima". Oggi indica un sottile disco di pane azzimo (senza lievito), che viene consacrato e distribuito durante la messa. Nell'ostia consacrata è presente realmente Gesù, la "vittima" del sacrificio eucaristico.

Tabernacolo

Era la tenda (in latino "tabernaculum") che veniva usata dagli israeliti nel deserto come un santuario mobile. Qui Dio si rivelava a Mosè. Vi era custodita l'arca dell'alleanza con le tavole della legge. Nelle nostre chiese il tabernacolo, collocato sull'altare, custodisce le ostie consacrate.

Corpus Domini

Queste due parole latine ("corpo del Signore") indicano una festa istituita da papa Urbano IV nel 1264 per ricordare l'istituzione dell'eucaristia da parte di Gesù nel corso dell'ultima cena.

86 *Perché la messa è un sacrificio?*

«Fate questo in memoria di me», disse Gesù agli apostoli nell'ultima cena, benedicendo e distribuendo il pane e il vino, che definì suo corpo e suo sangue. Il "corpo" e il "sangue" erano elementi essenziali nel sacrificio, e Gesù sapeva che il giorno dopo sarebbe morto in croce.

Bisogna però ricordare anche la festa della Pasqua ebraica che Gesù stava celebrando, e soprattutto l'agnello che si mangiava in quella circostanza. Fu il sangue di un agnello, sacrificato per ordine del Signore, che sparso sulle porte degli ebrei in Egitto aveva salvato i primogeniti di ogni famiglia, mentre l'angelo sterminatore non risparmiò gli egiziani. Gesù è come quell'agnello, sacrificato per salvarci. Infatti nella messa il sacerdote dice: «Ecco l'Agnello di Dio, che toglie i peccati del mondo!».

87 *È obbligatorio per i cristiani leggere il vangelo?*

La fede non è un "obbligo" ma una risposta libera al dono di Dio che si rivela, si fa conoscere, tramite Cristo. Tutta la religione cristiana è radicata nei vangeli e nelle sacre Scritture (vangelo è una parola greca che significa "buona notizia"). Com'è possibile che un cristiano possa dirsi veramente tale se non ne conosce i contenuti?

In questo senso, la lettura del vangelo è un "obbligo" per ogni cristiano che voglia dirsi ed essere tale.

Ma la conoscenza della vita di Gesù e della sua predicazione non dovrebbe mai essere concepita come un obbligo formale, bensì come una straordinaria fortuna che è toccata a milioni di uomini, mentre altri milioni di uomini, ancora oggi, non hanno avuto questo dono. Pertanto, la "proclamazione della parola", ossia l'ascolto e la lettura del vangelo, è fondamento di tutta la vita cristiana, alimento spirituale insostituibile, non un fatto di cultura religiosa facoltativa.

«Io sono il pane della vita. Chi viene a me, non sentirà fame; e chi crede in me, non sentirà mai sete». (Giovanni, capitolo 6)

88 *Dopo la comunione quanto tempo Gesù rimane in noi?*

La presenza reale di Gesù sotto le specie (materia) del pane e del vino dura fin quando sussistono il pane e il vino consacrati. Vale a dire che non si può più parlare di Gesù nel nostro corpo fisico quando l'ostia si è dissolta nel nostro organismo. Lo scambio tra il nostro corpo e quello di Gesù sacramentale è, per la nostra fede, il seme della nostra futura risurrezione. La presenza del Figlio di Dio, Gesù, nell'eucaristia è il nucleo della fede cristiana. Da duemila anni non è mai mancata, rinnovata continuamente nella celebrazione della messa, adorata notte e giorno in tutte le parti del mondo, collocata e conservata nel tabernacolo, punto vitale di ogni chiesa.

Evangelisti

Sono gli autori dei quattro vangeli (parola greca che significa "buona notizia"), cioè dei quattro libri del Nuovo Testamento che raccontano la vita di Gesù. Gli autori sono nell'ordine: Matteo, Marco, Luca e Giovanni. Il primo e l'ultimo erano apostoli, Marco fu uno dei primi cristiani di Gerusalemme e seguì prima san Paolo e poi san Pietro, mentre Luca era un medico e pittore di Antiochia che, convertitosi al cristianesimo, accompagnò san Paolo nei suoi viaggi.

Atti degli apostoli

Si chiama così il quinto libro del Nuovo Testamento, quello che segue immediatamente i quattro vangeli e che narra in parte le vicende della Chiesa primitiva, nel periodo di circa trent'anni, che va dall'ascensione di Gesù fino all'arrivo di san Paolo a Roma. L'autore del libro è Luca, lo stesso che ha scritto anche il terzo vangelo.

Prevenzione

La prevenzione è la più avanzata proposta della scienza medica per la cura del corpo, soggetto a malattia e decadenza. L'impegno cristiano ad assistere e curare i malati assume oggi una nuova dimensione: con la preparazione specialistica, le analisi approfondite e le terapie preventive si evitano molte malattie e si collabora meglio con Dio a sostenere il "miracolo della vita".

Solidarietà

Questo termine è diventato internazionale grazie al movimento sindacale di liberazione polacca "Solidarnosc". La solidarietà cristiana però non si riferisce solo alla liberazione, ma mira soprattutto alla compartecipazione globale con tutti i bisogni del mondo: dal vicino di casa sofferente ai grandi problemi del terzo mondo, dalla carità immediata verso i bisognosi ai grandi progetti di progresso civile.

89 *È giusto che un bambino nasca handicappato?*

Il male non è mai giusto. Detto questo, bisogna però ricordare che la fede ci insegna a leggere i fatti della vita in maniera più attenta. È evidente che se i valori sui quali fondiamo il nostro vivere sono soltanto la salute, la bellezza, la ricchezza, l'efficienza, allora gli ammalati, gli handicappati, gli anziani, i poveri sono delle persone "disgraziate". La fede ci insegna invece ad andare oltre le apparenze e a capire che le persone valgono non per quello che hanno "fuori", ma per quello che sono "dentro", cioè figli di Dio. E se Dio, padre tenerissimo, permette che alcuni suoi figli portino nel loro corpo evidenti i segni del dolore vuol dire che sono i prediletti. Il "paradosso" cristiano parla di un disegno d'amore, che a noi risulta talvolta ingiusto e crudele; ma i cristiani sanno farsi carico di questa croce alzando gli occhi al Crocifisso, che proclamò gli "ultimi" su questa terra "primi" nel regno di Dio.

90 *Che cosa posso dire ai genitori di un amico che è morto?*

In determinate circostanze forse è meglio scrivere. Ecco la lettera che un ragazzo ha scritto ai genitori di Francesco, morto in un incidente:

«Cari genitori di Francesco, vostro figlio non c'è più e io non posso colmare il vuoto che egli ha lasciato nella vostra vita. Non sono capace di asciugare le vostre lacrime, perché ho paura di avvicinarmi al vostro dolore.

Francesco era un mio amico: abbiamo giocato tante volte insieme, andavamo sempre nella piazzetta della chiesa, la parrocchia dove abbiamo fatto la prima comunione.

Ieri ci sono tornato e ho pregato. Ho pregato con una frase che Francesco e io abbiamo imparato al catechismo: "Chi mangia la mia carne e beve il mio sangue non morirà in eterno". Perché secondo me Francesco è vivo, non so come, ma è vivo.

Solo questo volevo dirvi abbracciandovi».

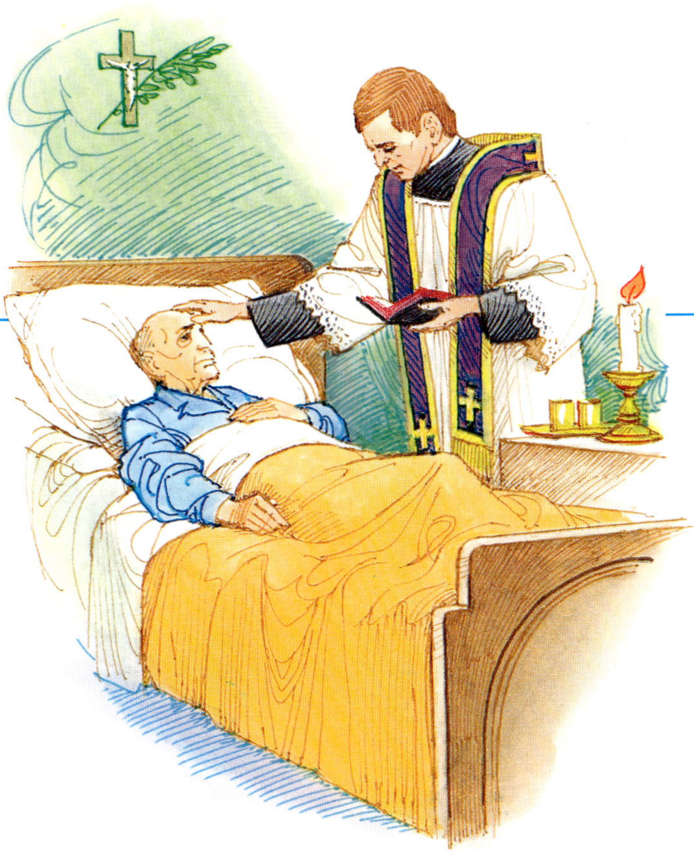

«Qualcuno di voi è infermo? Chiami gli anziani della Chiesa: essi preghino per lui ungendolo con olio nel nome del Signore».
(Lettera di Giacomo, capitolo 5)

Misteri della fede

Nell'antichità la parola "misteri" indicava quei riti religiosi segreti, ricchi di simbolismi e cerimonie esotiche, che gli adepti non devono assolutamente rivelare. C'erano i misteri eleusini, orfici, dionisiaci, di Iside e Osiride, e altri che si erano sviluppati in Grecia, Roma, Egitto e nel Medio Oriente, generalmente in alternativa alla religione ufficiale. Nel cristianesimo il mistero non è un segreto o una realtà incomprensibile, ma una verità sconosciuta che è stata rivelata. La Santissima Trinità, l'incarnazione di Cristo, l'eucaristia, e altre verità di fede, sono misteri. Non comprendiamo tutto nella rivelazione di Dio, è vero, ma alcune verità fondamentali non sono più segrete alla nostra intelligenza.

Volontariato

Ci sono persone che dedicano la loro vita ad attività assistenziali e benefiche: sono i "volontari" che aiutano il prossimo senza chiedere una lira. Oggi, spesso, le organizzazioni dei volontari suppliscono a molte carenze del servizio pubblico.

Unzione degli infermi

È uno dei sette sacramenti. Lo si amministra a chi è ammalato, in condizioni gravi, per chiedere al Signore la guarigione del corpo e soprattutto ottenere forza spirituale nel momento della morte, ultimo passo terreno prima dell'incontro con Dio. L'unzione degli infermi è amministrata da un sacerdote che unge l'ammalato con l'olio degli infermi, benedetto dal vescovo il giovedì santo.

91 *Perché Gesù non guarisce tutti i malati del mondo?*

I vangeli documentano molte guarigioni miracolose operate da Gesù, dal cieco nato alla risurrezione di Lazzaro, dai lebbrosi risanati al sordomuto che riebbe la parola. Ogni volta gli evangelisti tengono a sottolineare che erano "segni". Gesù infatti richiede sempre un atto di fede, prima di compiere il prodigio. Non l'atto di fede perché la guarigione avvenga, ma fede in lui, Figlio di Dio venuto a salvare il mondo dai peccati.

Guarendo un paralitico, Gesù disse: «Secondo voi è più facile dire: ti sono rimessi i tuoi peccati, oppure alzati e cammina?». Per Gesù i mali più gravi dell'uomo sono nel suo cuore, non nelle malattie del corpo, alle quali provvedono anche la medicina, la scienza, la prevenzione. Egli invece è venuto per guarire *tutti* i malati nello spirito.

Anziani

Non c'è un'età per indicare le persone anziane. La vita media nei paesi industrializzati si è infatti notevolmente allungata. Questa stagione della vita viene anche definita come "terza età", dopo l'età della giovinezza e della maturità. Nell'antichità, gli "anziani" erano le persone più sagge e autorevoli di una comunità, ai quali si doveva grande rispetto.

Filosofia

È una parola di origine greca che significa "amore del sapere". La filosofia è la scienza che studia i grandi perché della vita e cerca di scoprire il senso della nostra esistenza. I filosofi si chiedono, ad esempio, chi è l'uomo, che cosa è il mondo, che cos'è la vita, che cos'è la morte. Il primo filosofo conosciuto si chiamava Talete (624-546 a.C.) e sosteneva che l'acqua era all'origine di ogni cosa. Tra i filosofi più importanti ricordiamo Socrate, Platone, Aristotele, Cartesio, Kant, Hegel.

92 *Si può pregare di morire, come mia nonna?*

C'è una famosa preghiera nel vangelo di Luca che riguarda proprio gli anziani. La pronuncia il vecchio Simeone quando ha tra le braccia il bambino Gesù nel momento della sua presentazione al tempio, come la legge prescrive per i neonati: «Ora, Signore, lascia che il tuo servo se ne vada in pace, perché i miei occhi hanno visto la tua salvezza».

La preghiera del credente nasce sempre dalla speranza, e dispone il cuore ad accettare con serenità la volontà di Dio. Gli anziani che hanno vissuto, sofferto, sperato, creduto nel Signore, possono anche desiderare di incontrarlo. È una preghiera di pace la loro, di amore, di vita che continua.

Accade però, nella società di oggi, che gli anziani siano molte volte abbandonati e dimenticati. Non dobbiamo chiudere le orecchie alle loro preghiere perché spesso sono grida di disperazione.

93 *Perché le donne non possono diventare sacerdoti?*

Le ragioni che impediscono l'amministrazione del sacramento del sacerdozio alle donne nella Chiesa cattolica sono principalmente due. Il modello della Chiesa originaria: gli apostoli, i vescovi, loro successori, e i presbiteri (sacerdoti) sono scelti fra gli uomini, avendo Gesù come riferimento. La tradizione: la continuità di questa scelta dura da due millenni. Per non cadere nell'equivoco, e cioè che l'atteggiamento della Chiesa cattolica sia un pregiudizio verso la donna, è utile ricordare che tutti i battezzati sono «un popolo sacerdotale», impegnato ad annunziare il vangelo e ad amministrare la carità di Cristo. Per alcuni aspetti pratici e sacramentali, fin dall'antichità, la donna e i "laici" sono associati al ministero sacerdotale. Proclamano la parola di Dio nell'assemblea liturgica, distribuiscono l'eucaristia e possono amministrare il battesimo in caso di necessità.

«Andate per tutto il mondo e predicate il vangelo a tutte le creature».
(Marco, capitolo 16)

94 *Quanti anni di studio occorrono per diventare sacerdote?*

La durata degli studi di un sacerdote si può equiparare agli anni necessari per conseguire una laurea. In modo particolare egli studia filosofia (conoscenza del pensiero dell'uomo lungo i secoli) e teologia (conoscenza delle scienze che studiano Dio).

Le principali materie di teologia riguardano la storia delle religioni e della Chiesa, la conoscenza della sacra Scrittura (Bibbia), delle verità della fede, della liturgia e i fondamenti della morale cristiana. Tuttavia la cultura non è tutto per un sacerdote. Egli è un uomo chiamato da Dio, e per realizzare la sua vocazione dovrà essere un uomo di preghiera, un testimone del vangelo, un pastore che guida i fedeli, un uomo che spende la propria vita a favore dei fratelli, specialmente dei più deboli e poveri, come ha fatto Gesù.

Sapienza

Nelle sacre Scritture non è soltanto sinonimo di saggezza, ma indica molte realtà: la somma delle conoscenze dei sapienti, la capacità di giudizio e di costruire le cose (Salomone), è spesso personificata accanto a Dio (la sapienza della creazione), è la contrapposizione alla stoltezza del mondo, è la rivelazione di Dio e del suo piano di salvezza.

Teologia

Parola che deriva dal greco e significa ''studio di Dio''. La teologia è la scienza che studia i misteri della religione sia nella loro intima natura (dogmatica), sia per dettare all'uomo delle norme di vita (morale). Il più importante teologo cattolico fu san Tommaso d'Aquino. La teologia, che richiede anche approfonditi studi filosofici, viene insegnata in molte università e la studiano non soltanto i religiosi ma anche i laici.

Ordinazione

È il sacramento che riceve chi vuol diventare sacerdote. Ad amministrarlo è il vescovo che, imponendo le mani sul capo del futuro sacerdote, gli affida la missione che Gesù diede un giorno agli apostoli: annunziare il vangelo; e, consacrando le mani dell'ordinato, gli dà il potere di celebrare l'eucaristia. I gradi del sacerdozio sono tre: diaconato, presbiterato, episcopato. Il diacono può battezzare, proclamare la parola, distribuire l'eucaristia e celebrare il matrimonio; il prebistero o sacerdote, oltre a ciò, può consacrare l'eucaristia, confessare, amministrare la cresima (con la delega del vescovo) e l'unzione degli infermi; il vescovo, oltre agli altri sacramenti, conferisce la cresima e l'ordinazione sacra.

I terziari

Sono i laici che appartengono a pie associazioni chiamate "terzi ordini secolari". Queste associazioni, per vivere più intensamente la vita cristiana nel mondo, si ispirano a ordini religiosi regolari, come i francescani, i domenicani, i benedettini e altri, cercando di imitare lo spirito dei santi fondatori. Altre forme di associazioni religiose tra i laici sono le "confraternite", che promuovono in modo particolare il culto pubblico (feste religiose patronali, processioni) e le pie unioni, che svolgono soprattutto azioni caritative e di soccorso ai bisognosi.

Istituti secolari

Si chiamano "istituti secolari" alcune forme di vita religiosa, riconosciute dalla Chiesa, nate soprattutto nell'ultimo secolo. Gli appartenenti a questi istituti hanno regole proprie ed emettono i tre voti religiosi di obbedienza, castità e povertà, come gli altri religiosi (i francescani, i salesiani, i paolini ecc.). A differenza di questi, però, non conducono *vita comune* in case religiose o conventi, ma vivono nel mondo (chiamato anche *secolo*, da qui l'aggettivo secolare) e osservano i voti religiosi nel proprio posto di vita sociale e di lavoro.

Oratorio

In quasi tutte le parrocchie c'è un edificio nel quale i ragazzi possono ritrovarsi per seguire il catechismo, incontrarsi fra loro, giocare sotto lo sguardo di un prete o di un animatore. È l'oratorio, un'istituzione che ha avuto in san Giovanni Bosco il suo sostenitore più convinto.

95 *A quale età si può diventare suora?*

Perché una suora si possa dire tale deve aver pronunciato i voti religiosi. Ciò avviene normalmente fra i 25 e 30 anni.

Nel frattempo si devono portare a termine gli studi e i lavori più adatti per esercitare il proprio apostolato: chi negli ospedali, chi nelle scuole o asili, nelle parrocchie, nelle missioni all'estero, nei ghetti delle grandi città o nelle comunicazioni sociali.

Preparazione e grande fede sono le armi di queste moderne eroine, che per amore di Cristo giungono a compiere il bene dove nessun uomo si sognerebbe mai di arrivare.

Nella Chiesa cattolica esistono molti ordini, congregazioni e istituti religiosi. Tutte queste forme di vita tendono a praticare una vita cristiana più perfetta, seguendo i consigli evangelici, espressi nei tre voti di obbedienza, povertà e castità.

96 *Perché i miei genitori mi mandano al catechismo e loro non vanno a messa?*

Perché sono cattolici a mezzo servizio, come purtroppo ce ne sono tanti soprattutto in un paese come l'Italia, dove moltissimi cattolici sono tali solo perché sono stati battezzati.

I cosiddetti "praticanti" sono invece molto meno, circa un terzo di coloro che, avendo ricevuto il sacramento del battesimo, dovrebbero non solo dirsi ma sentirsi cristiani.

Nei paesi come il nostro, dove spesso ci si battezza, si fa la prima comunione, ci si sposa in chiesa solo per una tradizione esteriore, c'è il rischio di essere cristiani solo di nome. Comunque, tu ascolta i tuoi genitori e va' al catechismo e tenta poi di "trascinarli" a messa con te.

Per molti genitori, infatti, la prima comunione o la cresima di un figlio possono diventare l'occasione giusta per riscoprire la bellezza di un vero impegno cristiano nella vita.

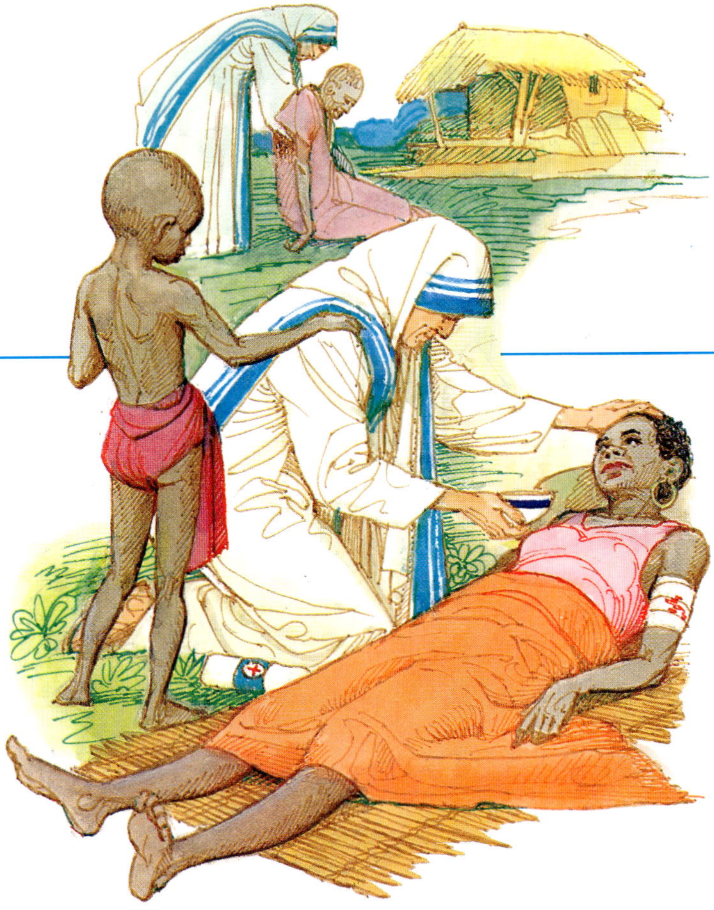

«Signore, quando mai ti abbiamo visto affamato, assetato, pellegrino, nudo, infermo, carcerato e non ti abbiamo assistito?».
(Matteo, capitolo 25)

97 *Perché mamma e papà hanno divorziato?*

Due persone si sposano per coronare un sogno di amore. Talvolta, però, i problemi della vita mettono in crisi questo legame. Ci sono così sposi che, di fronte al ''fallimento'' di una vita in comune, decidono di lasciarsi, di divorziare. Ciò è possibile anche in Italia.

Per la Chiesa, però, il matrimonio non può essere cancellato. Due coniugi cattolici, di fronte alla crisi del loro matrimonio, trovano solo nella fede la forza per superare ciò che umanamente è difficile sopportare. Perciò il vincolo matrimoniale del sacramento è più forte del vincolo naturale, che può essere sballottato da caratteri differenti, dall'età, dagli errori di uno o dell'altro coniuge. Un figlio, di fronte a due genitori che divorziano, ha comunque sempre e solo un preciso dovere: continuare ad amare mamma e papà, non solo per riconoscenza al dono della vita ricevuta, o per affetto naturale, ma anche per ricordare loro ogni giorno l'amore che all'origine li ha uniti.

Famiglia cristiana

La famiglia è il nucleo iniziale di ogni società. La famiglia cristiana nasce dal sacramento del matrimonio ed è anche chiamata ''chiesa domestica'', perché al suo interno realizza quel profondo rapporto di amore che è l'essenza stessa della comunità della Chiesa.

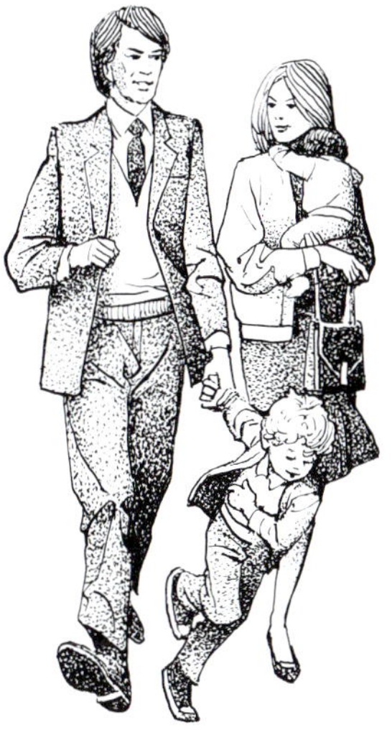

Consiglio pastorale

È la rappresentanza di sacerdoti, religiosi e laici nominati per collaborare con il vescovo, o con il parroco, nella conduzione della diocesi o della parrocchia. È come un consiglio di saggi che viene consultato e coinvolto per una migliore gestione delle attività diocesane o parrocchiali. I consigli pastorali sono nati dal concilio Vaticano II (1962-1965).

Azione cattolica

È un'organizzazione che riunisce migliaia di laici impegnati nella Chiesa. Si suddivide a seconda dell'età dei suoi componenti (adulti, giovani, ragazzi). Collabora strettamente con l'attività pastorale dei sacerdoti e segue le direttive dei vescovi in tutte le attività sociali e culturali nel mondo esterno alla Chiesa.

Apartheid

Significa "separazione". Con questa parola si indicava la situazione politica del Sudafrica dove la minoranza bianca emargina la maggioranza negra, relegandola nei ghetti.

Casa comune

È un concetto lanciato da Mikhail Gorbaciov per sottolineare come ormai il mondo non abbia più frontiere reali. Dobbiamo abituarci a considerare la Terra come la nostra "casa". Di qui la necessità di una grande collaborazione internazionale per difendere l'ambiente, per aiutare i popoli che soffrono di sottosviluppo, per eliminare i rischi di nuove guerre.

Virtù cardinali

Sono quelle virtù che fanno da fondamento a tutte le altre. Sono la giustizia, la prudenza, la temperanza, la fortezza. Sono quattro atteggiamenti che aiutano il cristiano ad affrontare ogni momento difficile della vita. In latino la parola virtù significa "forza, valore, capacità"

Obiezione di coscienza

Tra i doveri del cittadino c'è anche quello di prestare servizio militare. Ci sono alcuni, però, che rifiutano di impugnare le armi, in nome di profondi ideali di pace. Sono i cosiddetti "obiettori di coscienza" che chiedono di prestare il servizio "civile", dedicandosi alla cura degli ammalati, handicappati, tossicodipendenti, anziani. Nel nostro paese l'obiezione di coscienza è regolamentata da una legge dello Stato.

98 *Le voglio bene, ma è di un'altra religione. C'è qualcosa di male?*

No, l'amore autentico non può mai essere qualcosa di male. Due persone che si incontrano e si vogliono bene e che scelgono di dare vita a una nuova famiglia, sono la testimonianza concreta della strepitosa forza dell'amore, una forza che scaturisce da Dio e che può cambiare il mondo.

Se queste due persone appartengono a differenti religioni, ciò non sminuisce certo né il significato né la serietà e l'impegno del loro amore.

La celebrazione del matrimonio, secondo il rito della Chiesa cattolica, tra due coniugi di cui uno è di differente religione, è possibile con la dispensa dell'autorità ecclesiastica e con l'impegno che gli sposi si assumono di educare i figli nella fede cattolica.

99 *Si possono fare i giuramenti?*

Il giuramento è un impegno solenne, che si prende davanti a Dio, di dire la verità o di rispettare i doveri assunti. Nel mondo civile alcune volte il giuramento è richiesto dalla legge come atto pubblico. Giurano davanti al presidente della Repubblica i membri di un nuovo governo; nei tribunali i testimoni giurano di dire la verità; i giovani militari giurano di servire il proprio paese.

Spesso tra ragazzi si dice: «Giuralo!». Non sono questi i giuramenti, né i ragazzi (e gli adulti) devono abituarsi a ricorrere a simili mezzucci per intimidirsi a vicenda.

Il giuramento è diverso dal "voto", che è una promessa personale fatta a Dio al fine di compiere una buona azione, o di essere fedeli a un particolare impegno di vita. Trasgredire al giuramento o a un voto comporta comunque una mancanza, più o meno grave, nei riguardi di Dio.

«Badate che nessuno vi seduca, molti verranno in nome mio a dire: "Io sono il Cristo"».
(Matteo, capitolo 24)

100 *Una mia amica crede al malocchio. È peccato?*

Malocchio, iattura, stregoneria, scaramanzia, magia, vudù, messe nere e affini, cornetti, ferri di cavallo, pendoli, bamboline, filtri magici e tutti gli scongiuri possibili sono l'eredità di tanti secoli di ignoranza che stupisce di trovare ancora oggi in paesi evoluti.

La pretesa di dominare le forze della natura attraverso riti magici ha creato nel passato il fenomeno della stregoneria e la barbara usanza di caccia alle streghe. Sul rogo si consumavano vendette politiche e personali in nome della religione.

C'è da vergognarsi. Oggi per fortuna molte "pratiche occulte" sono sempre meno misteriose. Ci sono furbastri, che approfittano di fantasie deboli e malate per ricavarne denaro. Qui non ci vuole il confessionale ma severe condanne per truffa.

Animismo

I popoli primitivi tendono ad attribuire a ogni cosa un'anima, così che anche i fenomeni naturali diventano oggetti di culto, cui si rivolgono preghiere e ai quali si compiono sacrifici per invocarne la benevolenza o placarne l'ira.

Ateismo

È una parola di origine greca che significa "senza Dio". È una concezione della vita che parte dal presupposto che Dio non esiste e tutta la realtà deve essere spiegata con le sole leggi fisiche e materiali.

Persona

Persona è ogni individuo dotato di anima, corpo e intelligenza, senza distinzione di età, razza, cultura, uomo o donna, sano o malato. La dignità della persona si esprime nella sua libertà individuale, rispettosa della libertà altrui. La persona umana è stata elevata da Cristo alla dignità di «figlio di Dio».

Apocalisse

Il termine vuol dire rivelazione. È un genere letterario diffuso nel giudaismo. Sotto lo pseudonimo di famosi personaggi biblici (per esempio, Mosè) si rivelavano cose future, che in realtà per il lettore erano già avvenute. Caratteristiche della letteratura apocalittica sono le "visioni", visioni che sono spesso profezie sulla catastrofica fine del mondo, la lotta ultima tra Dio e il male. Apocalisse è anche l'ultimo libro delle sacre Scritture: apparteneva a questo genere letterario, ma ha un protagonista assolutamente nuovo, Gesù il Salvatore. Il libro è attribuito all'apostolo Giovanni.

Purgatorio

Il purgatorio si immagina come il luogo dove aspettano le anime dei defunti prima di entrare in paradiso, perché hanno qualche pena da scontare a causa dei peccati. Ecco allora le fiamme del purgatorio che purificano. In realtà, più che a un "luogo" o alle "fiamme", dobbiamo pensare a uno stato di imperfezione che impedisce ai defunti di raggiungere completamente Dio, una condizione che si purifica con l'aiuto orante di Cristo e della Chiesa.

Suffragio

Il suffragio è un beneficio spirituale (la liberazione da ogni pena di peccato) che le preghiere della Chiesa chiedono a Dio per i defunti. L'efficacia di queste preghiere è affidata all'intercessione presso il Padre dello stesso nostro Signore Gesù Cristo.

Inferno

Secondo le raffigurazioni bibliche dell'Antico Testamento, riprese anche nel Nuovo, è il luogo dove i peccatori subiranno il castigo eterno. L'inferno è chiamato anche valle della Geenna. Le immagini ricorrenti per evocare questo luogo di pene eterne sono le fiamme, i tormenti, le catene. È una concezione fisica dell'inferno, legata all'idea cosmologica dell'aldilà. Oggi si preferisce pensare di più al giudizio finale di Dio: egli retribuirà il bene e il male, allontanerà da sé i malvagi, o, come dice san Paolo, «i peccatori non avranno parte al regno di Dio». Il pensiero di un'eternità senza Dio e senza bene alcuno, per l'uomo che desidera naturalmente ogni bene, è davvero l'inferno.

101 *È vero che alcuni riescono a comunicare con i morti?*

La profonda comunione dei cristiani con i propri defunti si esprime nella preghiera. Non preghiamo per loro solo il giorno della morte, ma li ricordiamo tutti i giorni nella messa. La comune fede in Cristo risorto ci dà il potere di comunicare con loro, di invocare per essi misericordia, di ottenere da loro intercessione e grazie durante la nostra stagione terrena. È una comunione di carità.

Secondo alcuni, invece, gli spiriti si manifestano in modo tangibile ed emergono dal passato per dimostrare che l'aldilà esiste. Ombre, rumori, sussulti di tavoli, voci, bruciature e altre cose simili ne sarebbero le tracce inconfutabili.

Ma di che cosa? Qui è tutto da inventare.

Se escludiamo la fede religiosa nel destino eterno dell'uomo, sarà veramente difficile dare un minimo di credibilità allo spiritismo, anche se questa credenza esprime l'ansia di molti nell'ultraterreno.

102 *Come posso sapere che cosa vuole Dio dalla mia vita?*

Dio parla a ogni uomo, in diversi modi. Per sentire la sua parola, però, dobbiamo fare molto silenzio, dentro e attorno a noi, perché Dio non ama parlare in mezzo al frastuono. Ciò significa che, giunti al momento delle scelte, dobbiamo saper riflettere, pregare e chiedere consiglio.

Dobbiamo anzitutto ascoltare la voce di Dio che ci parla anche attraverso le nostre inclinazioni e predisposizioni naturali e che ci guida ascoltando le nostre preghiere. Ma la voce di Dio ci consiglia anche servendosi di una persona amica, dei nostri genitori, di un adulto in cui abbiamo fiducia e che ci conosce bene, magari un sacerdote che può diventare il nostro "direttore spirituale". Ognuno di noi — questo è certo — ha una vocazione, una "chiamata" cui rispondere per essere cristiano nel mondo di oggi.

Signore non hai seminato buon seme nel tuo campo?
Com'è nata dunque la zizzania?
Egli disse loro: «Un nemico ha fatto questo».
(Matteo, capitolo 13)

103 *È peccato drogarsi?*

Tutto ciò che va contro l'amore di Dio è peccato. Ora, l'amore di Dio per noi si manifesta in mille modi diversi; uno di questi è il dono della vita.

Drogarsi significa rifiutare la vita, con le sue suggestioni e i suoi orizzonti. Il drogato, giorno dopo giorno, getta alle ortiche la sua salute, gli impegni di studio e di lavoro, le relazioni familiari e con il prossimo, infrange le regole della proprietà altrui, si prostituisce per procurarsi la droga, alimenta con il suo denaro organizzazioni criminali. Questa triste realtà, tuttavia, non impedisce al cristiano di soccorrere gli sventurati caduti nella morsa della tossicodipendenza. Lo può fare a livello personale (ma è difficile) e soprattutto a livello di organizzazioni comunitarie e strutture pubbliche.

Vocazione

La parola latina dalla quale deriva questo termine significa "chiamata". Abitualmente si intende per vocazione la chiamata al sacerdozio o alla vita religiosa. In realtà, ognuno di noi è "chiamato" da Dio a svolgere un compito nella società e a testimoniare la propria fede di cristiano.

Direzione spirituale

Anche nella vita spirituale è bene avere una guida, una persona che possa capirci e farci capire quello che vuole da noi Dio. È il direttore spirituale, solitamente un sacerdote che ci conosce a fondo.

Spacciatore

È colui che distribuisce la droga ai tossicodipendenti. Molto spesso è anche lui un tossicodipendente che, vendendo la droga agli altri, si procura la quantità necessaria per soddisfare le proprie esigenze. Ci sono i "piccoli" e i "grandi" spacciatori. I primi sono a loro volta "vittime" di un mercato criminale.

Trafficanti

Sono i "padroni" del mercato mondiale della droga, coloro che vendono morte accumulando grandi ricchezze. Non per nulla, attratta dal miraggio di straordinarie ricchezze e guadagni, la mafia si è buttata a capofitto nel traffico internazionale di droga. Leggi severe in tutti i paesi del mondo, collaborazione internazionale tra le forze di polizia ancora non riescono a fermare questi "seminatori di morte".

Successo

È uno dei "miti" dei nostri giorni. Tutti puntano al successo e prendono a modello coloro che nella vita hanno successo: dai campioni dello sport ai grandi manager dell'industria. Ma se il successo diventa il fine ultimo della vita, c'è il rischio che ad esso venga sacrificato tutto, e nella nostra società non ci sia più posto per i più deboli. L'idolatria del successo crea una società disumana.

Autorità

In ogni società, piccola o grande che sia, c'è qualcuno che ha il compito di garantire un'armonica convivenza: è l'autorità. Anche nella famiglia c'è chi (i genitori) deve esercitare questa autorità per guidare la piccola comunità, in modo che non sia una nave alla deriva. Per il cristianesimo l'autorità discende da Dio e si esprime nella carità del servizio ai fratelli.

Mass media

Si definiscono così i "mezzi di comunicazione di massa", e cioè i giornali, la radio, la televisione, tutti gli strumenti che consentono agli uomini di comunicare tra loro, anche a distanza, facendo circolare le notizie da un capo all'altro del mondo. I mass media sono, nel bene e nel male, la rivoluzione dell'era contemporanea e hanno trasformato il mondo in un "villaggio globale".

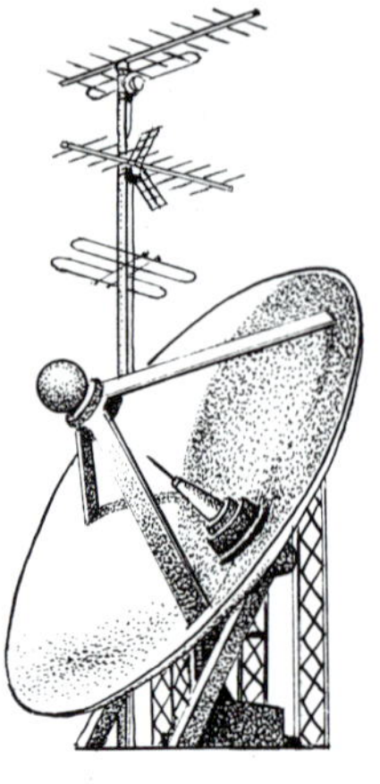

104 *E se quest'anno sarò bocciato, chi lo dirà ai miei genitori?*

Riparare a settembre o ripetere un anno scolastico non è un fatto così raro e nemmeno tragico, né significa incapacità allo studio. Chi affronta il mare aperto rischia di incontrare qualche tempesta, che non vuol dire naufragio, ma una prova da superare. Più grave sarebbe non conoscere la rotta per dirigersi in porto, non avere dialogo con i genitori, gli insegnanti, gli amici.

Anche Gesù si trovò in una situazione imbarazzante a dodici anni, quando rimase nel tempio a insaputa dei genitori che erano ripartiti per Nazareth.

Sua madre lo rimproverò, si parlarono, e lei in quel momento nemmeno lo capì fino in fondo. Tuttavia il ragazzo, mano nella mano dei suoi genitori, tornò a casa, dove crebbe in «sapienza, età e grazia».

105 *Perché mio padre vuole avere sempre ragione?*

Forse tuo padre ha sempre (o quasi sempre) ragione! Quando ti parla, anche quando ti sembra molto severo e ti sgrida, lo fa perché ti vuole bene e cerca di aiutarti a crescere, non solo in centimetri.

L'autorità di un padre non nasce dalla forza o dall'età, ma dall'amore, e si manifesta non soltanto con comandi o rimproveri, ma anche e soprattutto nel dialogo con i figli. Occorre parlare insieme molto e di tutti i problemi della vita, sempre però ricordando che in una comunità, anche piccola come quella della famiglia, c'è chi ha il dovere di assumersi maggiori responsabilità.

Amore, dialogo, comprensione non contrastano con l'autorità, anzi ne sono il fondamento, mentre la fiducia obbediente è l'atteggiamento col quale il figlio, che ha meno esperienza, dimostra amore per il proprio padre.

«Chi avrà scandalizzato uno di questi piccoli, sarebbe meglio per lui che fosse gettato nel mare con un macigno legato al collo».
(Marco, capitolo 9)

106 *Perché non vogliono che guardi la televisione di sera?*

La televisione sta diventando sempre più una presenza ingombrante nelle nostre case e rischia di togliere spazio all'incontro fra genitori e figli.

La sera, poi, non sempre la televisione propone programmi adatti ai ragazzi, ai quali — è vero — la vita deve essere svelata per quella che è, non come fosse una favoletta, ma per i quali è anche importante capire cosa significa stare insieme, rinunciando a certe violenze imposte da uno schermo televisivo.

Il problema potrebbe essere in parte risolto se genitori e figli imparassero a scegliere i programmi da vedere e poi a discuterne insieme. Ma quanti sono i genitori e i figli che lo fanno?

Auditel

Si chiama così il sistema per misurare elettronicamente la quantità degli ascoltatori che vedono un programma e sono sintonizzati su una stazione televisiva. Un certo numero di famiglie accetta di far installare un apparecchio elettronico nel proprio televisore (si chiama *meter*) che registra e manda i dati a un calcolatore centrale sui programmi visti. Le famiglie accuratamente scelte rappresentano tutta la popolazione nazionale e, attraverso un calcolo matematico, dal loro agire si può dedurre quante migliaia, o milioni, di spettatori hanno visto un determinato programma. I dati di ascolto Auditel sono molto usati dalle agenzie pubblicitarie per programmare gli annunci sui prodotti (spot) da reclamizzare, e quindi l'Auditel determina l'investimento di molte centinaia di milioni di lire.

Pubblicità

Pubblicità vuol dire rendere pubblico, conosciuto, desiderato un qualsiasi prodotto. La forza della pubblicità è straordinaria e viene basata sui principali mezzi di comunicazione: televisione, radio, giornali, affissioni, cinema, e ora anche in televideo. Ma è un "persuasore occulto" perché riesce a imporci non soltanto prodotti, ma anche comportamenti di vita che massificano l'intelligenza dell'uomo.

Consumismo

In un'epoca dominata dai messaggi pubblicitari, la gente si è convinta che l'importante è acquistare molte cose e avere in casa tutti i ritrovati della tecnologia. La gente, insomma, si è abituata a comperare e "consumare", e non si rende conto che finisce per sacrificare tutto, anche valori e sentimenti, a questo idolo moderno, dietro al quale stanno una concezione egoistica della vita e vertiginosi giri d'affari.

Schola cantorum

È il gruppo dei cantori, preparati da un maestro, che animano la liturgia nell'assemblea dei fedeli. Fra le moderne e antiche tradizioni di canto e musica sacra bisogna ricordare il canto gregoriano (in latino), ritenuto per secoli, e ancora oggi, il canto liturgico universale della Chiesa cattolica. Si sviluppò per merito del papa san Gregorio Magno (540-604), da cui prese il nome, e fu sempre particolarmente curato dai monaci benedettini.

Preghiera

La definizione più semplice della preghiera è questa: dialogo con Dio. La preghiera del cristiano imita quella di Gesù, che ringraziava il Padre per la salvezza del mondo (l'eucaristia è ringraziamento) e domandava grazie per sé, per i discepoli, per i poveri che miracolava. Dopo l'opera di Gesù, tutta la vita del cristiano si deve ritenere un *culto spirituale* orientato dalla fede e dalla carità, e l'orazione è un momento di questa preghiera che dura tutta la vita. Bisogna pregare in qualsiasi momento e in qualsiasi luogo, ha detto Gesù, e lui sarà vicino a noi. La preghiera più bella, insegnata dal Signore ai discepoli, è il *Padre nostro*.

Angeli

Secondo la Bibbia queste creature spirituali rivelano, annunciano sempre la presenza di Dio (angelo vuol dire "messaggero"). Gli angeli sono molto presenti nella vita di Gesù: nell'annunciazione a Maria, alla nascita di Gesù, al momento delle tentazioni del deserto, nell'orto del Getsemani.
Conosciamo tre nomi di angeli: Michele (vuol dire: "chi è come Dio?"), Raffaele ("Dio guarisce"), Gabriele ("Dio è forte").

107 *Come faccio a non avere paura del buio?*

La paura è un sentimento umano del quale non dobbiamo vergognarci, anzi per certi aspetti è un salutare istinto di conservazione che ci salva da molti pericoli.

Ci fa paura soprattutto l'ignoto, ciò che non conosciamo. L'uomo primitivo aveva paura del vento e del temporale; poi si aveva paura delle stregonerie; c'è ancora chi ha paura dei fantasmi. Il buio, però, non è altro che un momento della giornata, quello in cui le luci del giorno lasciano posto ai grandi silenzi della notte; non è un pianeta sconosciuto, popolato di spiriti maligni. Un suggerimento antico prima di dormire, quando si spengono le luci, è quello di pregare, preghiere che si sanno a memoria o preghiere spontanee; si ottiene serenità e sicurezza. È Dio infatti che veglia su di noi e ci prepara un nuovo giorno.

108 *Quale nome ha il mio angelo custode?*

Forse si chiama proprio come ognuno di noi, nessuno ci impedisce di dare un nome al nostro angelo. Nella Bibbia troviamo solo tre nomi di angeli: Michele, Gabriele e Raffaele. Gli angeli rivelano sempre la presenza di Dio (angelo vuol dire "messaggero"). I vangeli ricordano Gabriele che annuncia a Maria l'incarnazione di Gesù, gli angeli attorno alla grotta di Betlemme, l'angelo che avvisa Giuseppe di fuggire in Egitto, gli angeli che vennero a servire Gesù dopo quaranta giorni di digiuno nel deserto, l'angelo del Getsemani e l'angelo della risurrezione.

Un'antica tradizione cristiana vuole che accanto a ogni bambino che nasce ci sia un angelo per vegliare su di lui e aiutarlo poi nella vita. Spesso egli prende la voce della nostra coscienza, nel bene da compiere o nel male da evitare. Ascoltiamolo, anzi chiamiamolo forte per nome, quando ci sentiamo stanchi e abbattuti negli avvenimenti piccoli o grandi della vita.

«...*vi dico che i loro angeli nei cieli contemplano continuamente il volto del Padre mio che è nei cieli*».
(Matteo, capitolo 18)

109 *Posso pregare per avere una sorellina?*

La preghiera è il dialogo che l'uomo intreccia con Dio, tendendogli le braccia con grande confidenza.

Si prega da soli o in assemblea. Si prega per dire "grazie", per chiedere perdono, per ottenere un favore; il contadino prega per un buon raccolto; lo studente per i suoi esami; la mamma per la salute di suo figlio. Un bambino può pregare per avere una sorellina o un fratellino cui voler bene. In questo caso bisogna rivolgere gli occhi anche a papà e mamma, perché è attraverso di loro che Dio può compiere il miracolo di una nuova vita.

C'è anche un modo di dare forza a questa preghiera ed è quello di spogliarsi un po' di egoismo, pensando che un fratellino può essere adottato, oppure che è possibile rinunciare a qualcosa di buono da donare ad altri bambini bisognosi.

Movimento per la Vita

Il Movimento per la Vita è nato ufficialmente a Firenze il 15 gennaio 1980, due anni dopo l'entrata in vigore della legge n. 194 del 22 maggio 1978, quella che legalizza anche in Italia l'aborto. Scopo fondamentale del Movimento per la Vita, che è oggi presente su tutto il territorio italiano con *290* gruppi confederati a livello nazionale, è quello di «riaffermare nella società civile, nelle istituzioni e nella legislazione, il diritto-dovere del cittadino di sostenere e difendere la vita fin dal suo concepimento, in tutte le sue esigenze e in tutto l'arco del suo sviluppo». Ogni anno si celebra in tutte le parrocchie italiane la "Giornata nazionale per la vita" proprio per riaffermare questi principi.

Paternità-maternità

Sono il grande gesto d'amore col quale gli uomini partecipano al disegno di Dio che ha creato ogni cosa e continua, attraverso di loro, a rinnovare la vita.

Adozione

Milioni di bambini non hanno una famiglia e una casa. Molti di loro possono ritrovare l'una e l'altra grazie all'adozione con la quale due sposi decidono di prendere con loro un bambino come figlio. Per evitare che qualcuno trasformi questo gesto d'amore in mercato, ci sono leggi molto severe che si preoccupano soprattutto di tutelare i minori.

Amicizia

È uno dei sentimenti più nobili dell'uomo. L'amicizia nasce quando due persone si incontrano e sentono di avere molte cose in comune, e sono disposte reciprocamente a donarsele. Per amicizia si compiono anche grandi sacrifici, pur di vedere l'amico felice. Un proverbio dice che «chi trova un amico, trova un tesoro». E questo ci aiuta anche a capire che le amicizie vere non spuntano come funghi, ma sono rare.

Analfabetismo

In un mondo proiettato verso il 2000 ci sono ancora milioni di persone analfabete. Anche in Italia il 3 per cento della popolazione è analfabeta. Uno dei principali compiti civili e cristiani è proprio quello di combattere l'analfabetismo, perché le persone che non sanno leggere o scrivere sono più esposte delle altre ai soprusi e alle ingiustizie.

Progresso

Si pensa che il progresso sia il miglioramento delle condizioni di vita dell'uomo ottenuto anche grazie alle nuove scoperte scientifiche e alle moderne tecnologie. E in questo senso il progresso è certamente positivo. Non sempre, però, coincide con il benessere. Il vero progresso non discrimina tra ceti sociali, non inquina l'ambiente, non soffoca i deboli, non alimenta le guerre.

Carcere

È il luogo in cui vengono rinchiusi coloro che sono stati condannati da un tribunale a pene detentive. La privazione della libertà è una delle pene più gravi per l'uomo. Ma il carcere non deve essere inteso come ghetto. La perdita della libertà ha lo scopo di rieducare chi ha sbagliato e di prepararlo a tornare, cambiato, nella vita civile.

Telefono azzurro

L'8 giugno 1987 ha iniziato a funzionare, a Bologna, una linea telefonica chiamata Telefono Azzurro con lo scopo di raccogliere appelli, segnalazioni e denunce riguardanti i problemi dell'infanzia. Psicologi, assistenti sociali, medici e avvocati intervengono per risolvere i casi segnalati. Dal 5 dicembre 1990 un nuovo numero telefonico gratuito, riservato ai bambini di tutta Italia (il numero è 1678/48.048), si è aggiunto a quello tradizionale (051/22.25.25), che in tre anni e mezzo di attività ha raccolto 150.000 chiamate, intervenendo in 15.417 casi.

110 *Perché devo andare a scuola?*

Perché nella vita e in ogni stagione della vita ognuno ha un dovere da compiere. Mamma e papà lavorano per mandare avanti la famiglia, i ragazzi devono studiare per prepararsi al loro futuro nella società. Andare a scuola è il "lavoro" dei ragazzi, che così si preparano per affrontare le responsabilità future.

L'istruzione è un modo per far fruttare i talenti che Dio ha seminato nel cuore e nell'intelligenza di ognuno di noi. La scuola è spesso presentata come un luogo di competizione, dove bisogna sempre vincere con il dieci e lode. Non è esattamente così: molti primi della classe vengono bocciati dalla vita.

Imparare a leggere, scrivere, far di conto, a scoprire le leggi della fisica, della chimica, dell'astronomia, è un'avventura straordinaria se ci aiuta a scoprire il mondo e a collaborare con gli altri a migliorarlo, ognuno secondo le proprie capacità.

111 *Quale condanna bisogna dare a chi rapisce un bambino?*

L'Italia detiene il poco invidiabile primato dei sequestri di bambini. Alcuni bambini non sono più ritornati a casa. Quando viene rapito un bambino esplode regolarmente l'indignazione dell'opinione pubblica che a gran voce invoca inasprimenti delle condanne per i responsabili. Le pene previste per i rapimenti sono particolarmente alte, ma quello che lascia perplessi è il fatto che il legislatore non ha previsto l'ipotesi del rapimento di un bambino.

Nell'articolo 630 del nostro Codice penale si parla di sequestri di persone a scopo di estorsione. La pena prevista (inasprita nel 1980) va dai venticinque ai trent'anni. Una osservazione: il legislatore non tutela i minori che sono i più vulnerabili. Identica è infatti la pena: sia che si rapisca un bambino sia che si rapisca un adulto. Gesù disse parole durissime contro chi offendeva l'innocenza dei bambini: sarebbe meglio che si gettasse in mare con un macigno legato al collo!

Gesù vide una grande folla e ne ebbe compassione.
(Marco, capitolo 6)

112 *È vero che muoiono di fame e malattia quarantamila bambini al giorno?*

È vero. Ed è questo il più grande "scandalo" dei nostri giorni. Non è possibile che, mentre si sprecano miliardi per costruire armi e strumenti di morte, migliaia di bambini muoiano solo perché nessuno dà loro un pugno di riso, una tazza di latte o perché nessuno va a vaccinarli contro malattie che qui da noi sono state sconfitte da tempo.

Mentre noi sprechiamo ricchezza e ci concediamo lussi inutili, alcuni nostri fratelli muoiono anche per colpa del nostro egoismo. Dobbiamo sentirci responsabili di questa che possiamo chiamare la moderna "strage degli innocenti". E Gesù, che un giorno ha detto: «Guai a chi scandalizza uno di questi piccoli», ci ripete oggi che di questo "scandalo" dobbiamo provare rimorso tutti.

Terzo Mondo

È un'espressione nata dopo la seconda guerra mondiale per indicare l'insieme dei paesi nuovi e generalmente poveri che non sono entrati a far parte dei due "mondi" politici contrapposti: quello occidentale capeggiato dagli Stati Uniti e quello comunista capeggiato dall'Unione Sovietica, ora sparita. I paesi del Terzo Mondo sono stati quindi definiti anche "non allineati". Ma negli ultimi tempi, quando si parla di Terzo Mondo ci si riferisce non tanto all'aspetto politico quanto piuttosto alle difficili condizioni economiche e sociali.

Unicef

È la sigla che designa il Fondo Internazionale delle Nazioni Unite per l'Infanzia. Un organismo sorto nel 1946 per iniziativa dell'Onu con lo scopo di lavorare per la salute e per il benessere dei bambini in tutto il mondo, specialmente nei paesi sottosviluppati. Innumerevoli le sue iniziative a tutti i livelli. Nel 1965 è stato premiato con il Nobel per la pace.

Vaccinazione

Consiste nell'inoculare un vaccino (cioè una sostanza con batteri o virus attenuati) in una persona per renderla immune a una determinata malattia. Le vaccinazioni più comunemente praticate sono l'antivaiolosa, l'antipoliomielitica, l'antitetanica e l'antinfluenzale. Sovente l'Unicef promuove campagne di vaccinazione nei paesi del Terzo Mondo allo scopo di ridurre l'elevatissima mortalità infantile.

INDICE DEI NOMI E DELLE PAROLE

INDICE DELLE DOMANDE

INDICE DELLE TAVOLE E DELLE CARTINE

Stampa: 2000
Società San Paolo - Roma
Printed in Italy